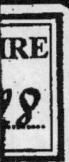

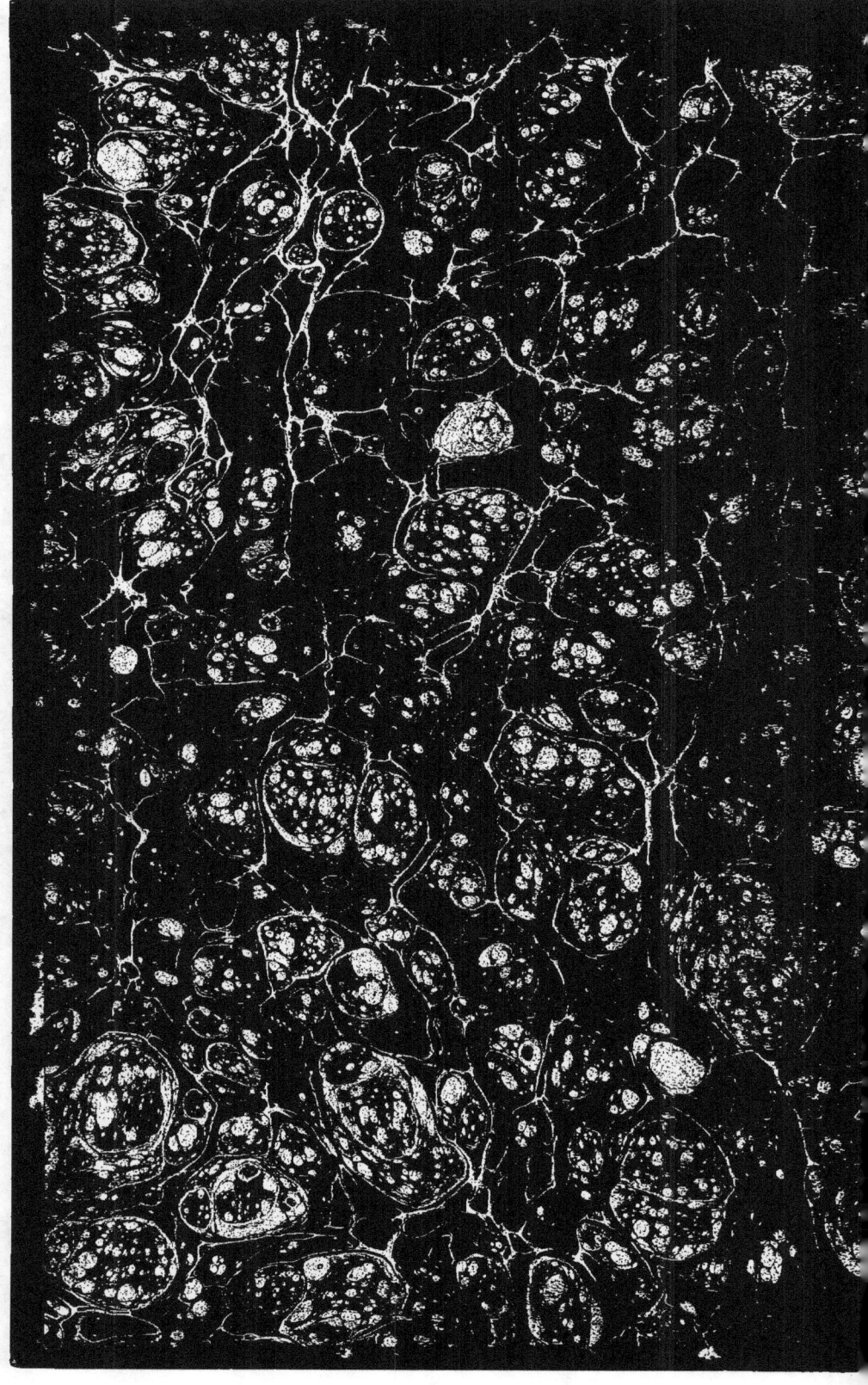

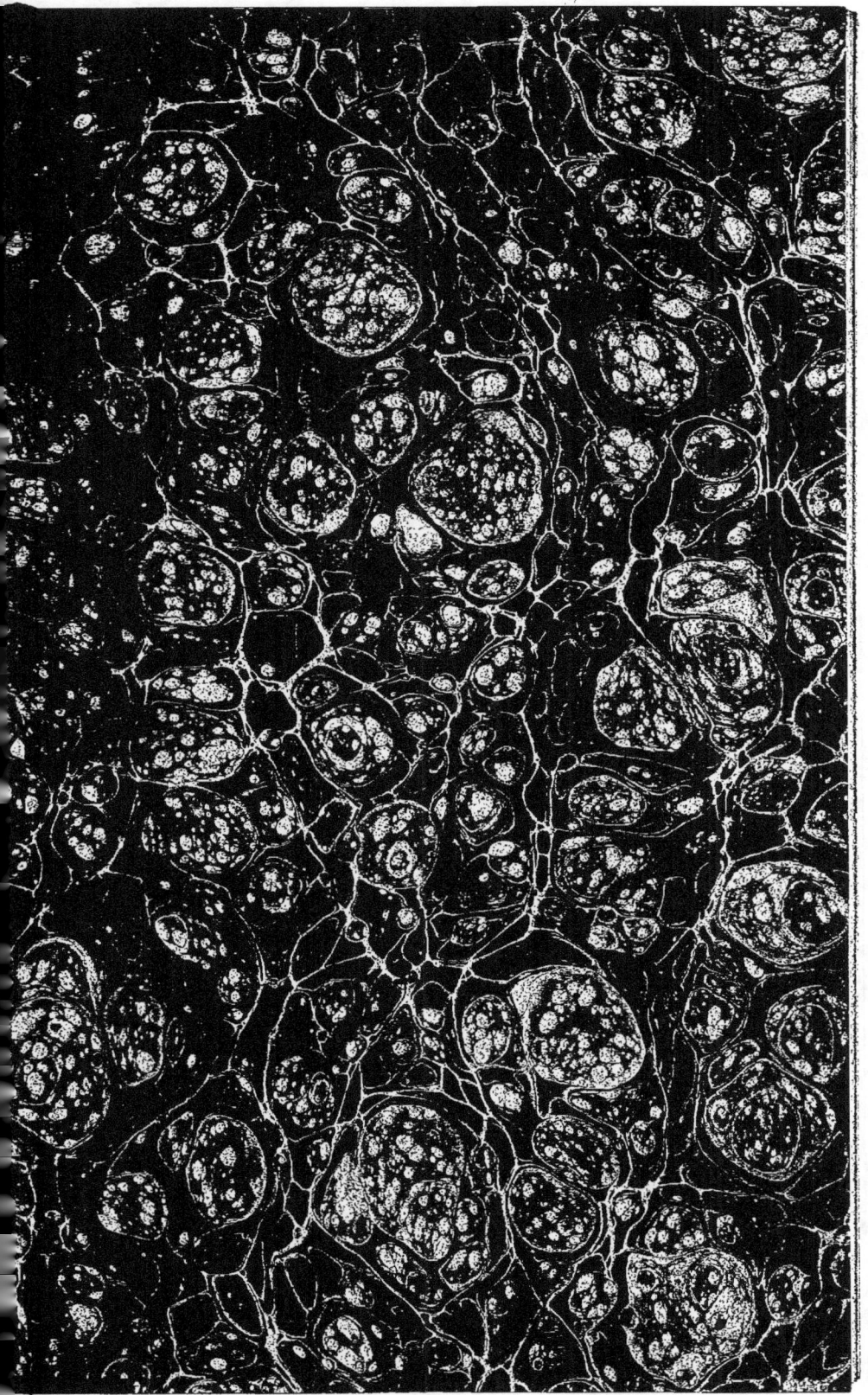

31828

LA

VIERGE AU POISSON

DE RAPHAËL.

Lyon.

Imprimerie de G. Rossary,
Rue Saint-Dominique, n° 1.

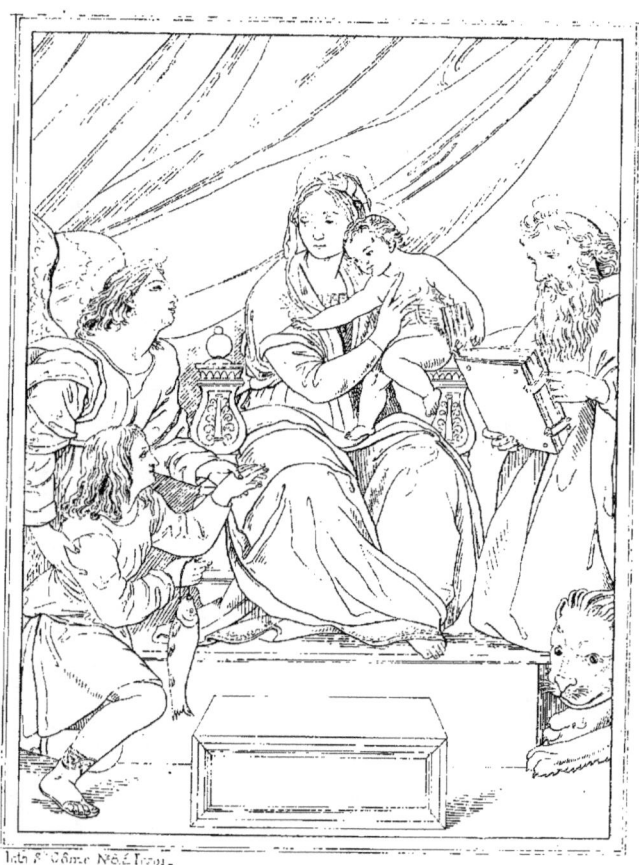

LA VIERGE
AU POISSON
DE
RAPHAËL,

EXPLICATION NOUVELLE DE CE TABLEAU;

Par P.-T. Belloc.

> In omnibus operibus ejus intelligitur plus simper quam pingitur, et cum ars summa sit, ingenium tamen ultra artem est.
> PLIN. *Hist. Nat.* lib. xxxv, cap. x.

> Sorse Raffaello, Maestro a tutti sovrano, si direbbe che i quadri, i quali, secondo il detto comune, sono i libri degli ignoranti, egli prendesse a furli leggere anche ai Dotti, facendoli parlare allo intelletto ed allo Spirito.
> ALGAROTTI. *Saggio sopra la pittura.*

PARIS.
BELIN-LE-PRIEUR, RUE PAVÉE-S.-ANDRÉ-DES-ARTS, N° 5.
LYON.
SAUVIGNET ET C.ᵉ, GR. RUE MERCIÈRE, N° 55.

1833.

Avant-Propos.

J'avais entendu parler de la Vierge au Poisson de Raphaël, mais je n'en connaissais nullement la composition, soit *pittoresque*, soit *poétique*, lorsque j'arrivai pour la première fois à Paris, en Janvier 1814. Mon empressement à me rendre au Musée, à ce dépôt alors unique de tout ce que les arts ont enfanté de plus merveilleux, fut extrême [1].

---

[1] On me permettra de rappeler ici, parce qu'elle se rattache à l'histoire contemporaine, l'inscription que je composai d'inspiration pour le Musée, au milieu de

vj

Je vis donc, et je pus contempler la *Vierge au Poisson* telle qu'elle est sortie de la main de Raphaël.

Placé devant le tableau et tout occupé à l'examiner dans toutes ses parties, j'entendis demander autour de moi : *Que veut dire le poisson que ce jeune homme tient suspendu à la main ?* Je m'étais déjà fait à moi-même cette question et j'avais répondu à ma pensée, après avoir recueilli dans mes longs souvenirs quelques notions archéologiques, fruit de recherches que j'avais faites dans ma jeunesse.

tous *les miracles* de l'art qui frappèrent dans ce moment mon imagination.

IMP. NAPOLEO. AVG.
AERIS. MARMORIS
TABVLARVMQVE. PICTARVM
MIRACVLA
VICTORIIS. TOTO. ORBE. ADQVISITA
PATRIO. MVSEO. ADIECIT
PVLCHERRIMVM
BELLICAE. LAVDIS TROPAEVM

Æris tabularumque miracula. Tacit. Annal. lib. 3, cap. 53.

Je n'hésitai donc pas à donner, en peu de mots, aux interlocuteurs l'explication, que j'offre aujourd'hui au public.

Mais quel fut mon étonnement lorsque je lus en 1822, dans les notices composées par M. Emeric David, sur cinq tableaux de Raphaël, et deux ans plus tard, dans la vie de ce peintre, publiée par M. Quatremère de Quincy, que ces deux académiciens ne mettaient pas en doute que Raphaël n'ait eu l'intention de représenter le jeune Tobie dans l'adolescent qui tient le poisson !

Après avoir de nouveau et mûrement réfléchi sur mon explication, je me convainquis de plus en plus qu'elle était la seule rationnelle ; je conçus dès-lors la pensée de la mettre par écrit, en y donnant tous les développemens dont elle me parut susceptible.

Telle est l'origine de cet opuscule, dont la rédaction a été pour moi un moyen de distraction salutaire, pendant la longue con-

viij

valescence d'une maladie fort grave; je me permets de rappeler cette circonstance, parce qu'elle pourra me servir d'excuse auprès de ceux qui voudront bien me lire, s'ils trouvent que j'aurais dû renfermer mon sujet dans un cadre moins étendu. Je l'avais senti moi-même, et je m'étais toujours proposé d'en réduire les dimensions; mais il eût fallu refondre mon travail, et des occupations très-multipliées, qui sont pour moi des devoirs, ne m'en ont point laissé le loisir.

Je cède donc aux sollicitations de quelques amateurs, qui ayant fait l'acquisition de la gravure de la Vierge au Poisson par M. Desnoyer, n'ont pas eu de peine à me persuader que mon opuscule, tel qu'il est, trouverait un bon accueil auprès des nombreux possesseurs de cette belle gravure. Mon but sera rempli et j'en éprouverai une vive satisfaction, si je suis assez heureux pour leur faire partager ma conviction, sur la véritable pensée, que Raphaël a voulu rendre sensible par son admirable composition.

Je ne me dissimule pas cependant que j'aurai à vaincre une de ces préoccupations, qui ne cèdent qu'avec répugnance au raisonnement. On m'objectera, sans doute, qu'il paraît peu croyable que tous les artistes et les connaisseurs les mieux exercés se soient mépris pendant trois cents ans, et qu'il ait été réservé à un homme peu versé dans les procédés des arts, de soulever le voile dont le sujet du tableau aurait été enveloppé pendant si long-temps.

Mais il est à remarquer que, dans les arts, les erreurs de ce genre ne sont pas aussi rares qu'on pourrait le penser. Je n'en citerai que deux exemples :

La statue d'*Ariadne* abandonnée dans l'île de *Naxos*, a été découverte à Rome sous le pontificat de Jules II, lorsque Raphaël était occupé à décorer le Vatican de ses ouvrages immortels. L'*Ophis*, soit bracelet dans la

x

forme d'un petit serpent, qu'*Ariadne* porte à la partie supérieure du bras gauche, ayant été pris pour un aspic, a fait croire, durant trois siècles, que la statue représentait *Cléopâtre*.

Le second exemple m'est fourni par une des statues les plus parfaites que le temps ait respectées. L'harmonie qui règne dans toutes ses parties est telle, que notre *Poussin*, à qui l'Italie a donné le beau surnom de *Dotto-Pittore*, y puisa préférablement à tout autre, *les proportions de la figure humaine*. Mais combien de noms cette statue n'a-t-elle pas reçus, à partir du Pontificat de Paul III, sous lequel elle a été trouvée, c'est à dire pendant deux siècles et demi environ? Elle a passé d'abord pour *Antinoüs*, plus tard les uns y ont vu *Thésée*, d'autres *Hercule imberbe*, le plus grand nombre *Méléagre*, et ce n'est que de nos jours que tous les antiquaires se sont convaincus que la statue représente MERCURE.

LA
VIERGE AU POISSON

DE RAPHAËL.

Vingt siècles se sont écoulés depuis qu'Apelles n'est plus ; les preuves matérielles de son génie ont disparu, il n'en reste plus de trace, le temps a tout consumé. Toutefois la tradition et l'histoire se sont chargées de faire connaître d'âge en âge les sujets qui ont exercé son pinceau.

Aussi qui n'a pas entendu parler de cette Vénus Anadyomène [1], merveille de

---

[1] Αναδυομένη, c'est-à-dire, *qui sort en se levant*.
Apelles voulant peindre la naissance de Vénus, saisit

l'art, qui, transportée par la suite des temps à Rome, fut dédiée par Auguste dans le temple de César? Et de cette Diane se mêlant à une troupe dansante de jeunes vierges qui célèbrent un sacrifice, tableau où il rendit avec une telle supériorité la description que fait Homère de la même scène, que le poète fut vaincu par le peintre?[1] Et de cet Alexandre foudroyant, dont le bras et la foudre semblaient se détacher du tableau? Qui n'a

---

l'instant où sortant de l'écume entr'ouverte, la déesse s'élève sur la surface de l'eau. Le comte Caylus, acquit en 1759 un bronze antique, qu'il jugea être une imitation du tableau d'Apelles; sa conjecture paraît d'autant plus fondée, qu'il avait vu plusieurs pierres gravées représentant la même figure.

[1] *Peritiores artis præferunt omnibus ejus operibus eumdem Regem* (Antigonum) *sedentem in equo; Dianam sacrificantium virginum choro mixtam, quibus vicisse Homeri versus videtur, id ipsum describentis.* PLIN. hist. nat. lib. XXXV, cap. X.

pas entendu parler enfin de tant d'autres chefs-d'œuvre qu'il serait très-facile, mais trop long d'énumérer, et qui ont fait pendant plusieurs siècles l'admiration de la Grèce et de Rome?

Nous pourrions en dire autant des ouvrages des peintres ses devanciers; de ceux de Polygnote, qui, au dire de Pline, ouvrit véritablement la carrière, et montra le chemin à ses successeurs; de ceux d'Apollodore, qui trouva le premier le secret de faire un heureux mélange des couleurs et de bien distribuer les ombres[1], et de ceux surtout de ce Timanthe si célèbre par son Sacrifice d'Iphigénie, où après avoir épuisé toutes les variétés de l'art pour peindre la douleur des assistans, il voila le visage d'Agamemnon, ne croyant pas

---

[1] *Apollodorus pictor qui primus reperit colorum mixturas et umbræ usum.* PLUTAR. *Bello ne an pace*, etc.

qu'il fût possible d'exprimer dans ses traits, ce qui se passait dans ce moment dans le cœur d'un père.

Mais nous aimons à reporter plus particulièrement notre pensée sur Apelles. Déjà le nom de Raphaël, qui figure en tête de cet écrit, en a fait deviner la raison.

Personne n'ignore qu'il a existé entre ces deux peintres une grande conformité de vocation et de génie : l'un a marqué l'époque la plus brillante de l'art chez le peuple le plus poli de l'antiquité; l'autre est encore le prince des peintres modernes. Tous les deux ont été amoureux de la grâce, de cet être idéal dont chacun sent le pouvoir magique, et que personne ne pourra jamais définir. Si le poëte aime à se placer plus particulièrement sous l'influence de l'une des neuf Sœurs, la Grâce était comme la Muse de prédilection d'Apelles et de Raphaël.

C'est elle qui avait gravé dans leur esprit les images les plus exquises de beauté, de pureté, d'élégance et de noblesse.

Apelles était si convaincu d'être inspiré et guidé par elle, qu'il disait hautement que plusieurs peintres ses contemporains excellaient dans les parties les plus essentielles de l'art, mais que la grâce n'avait pris aucune part à leurs ouvrages ; que si elle consentait à manier le pinceau, c'était pour lui seul [1].

Si Raphaël se montra plus modeste, il

---

[1] *Præcipue ejus* (Apellis) *in arte venustas fuit ; cum eadem ætate maximi pictores essent, quorum opera cum admirarentur, collaudatis omnibus, deesse iis unam Venerem dicebat, quam Græci Charita vocant ; cœtera omnia contigisse, sed hac solá sibi neminem parem.* PLIN. ibid.

Ingenio, et gratiá, quam in se ipse maximam jactat, Apelles est præstantissimus. QUINT. Institut. orat.

a assez prouvé qu'il n'avait pas de rivaux à craindre, pas même le Corrège appelé le peintre des formes angéliques ; ni le Parmesan, dont on a dit qu'il avait hérité de l'ame du peintre d'Urbain. On reproche à tous les deux, au second surtout, d'être tombé plus d'une fois dans *l'afféterie*. Aussi Augustin Carrache désirait seulement dans un peintre un peu de la grâce du Parmesan.

Nous venons de voir que tous les soins ont été pris pour que les titres de gloire du plus grand peintre de l'antiquité ne nous restassent pas inconnus, et que ces soins n'ont pas été infructueux. Dès-lors comment se défendre d'un vif sentiment de surprise lorsqu'on considère que bien que trois siècles seulement nous séparent de l'époque à laquelle Raphaël a vécu; bien que presque tous ses ouvrages nous aient été conservés, et que le burin les ait reproduits et multipliés, même du temps de Raphaël, déjà une des productions les plus grâcieuses qui soient sorties de son pinceau, est devenue une énigme pour les artistes et les connaisseurs ; déjà ceux-là même qui se montrent le plus jaloux de sa gloire se voient forcés de convenir que ce tableau ne présente qu'une association de personnages tout-à-fait incohérente[1], et par conséquent qu'aucune de ces pensées tour-à-tour si sublimes et si ingénieuses, dont sa brillante imagination était envers lui si prodigue, n'a présidé à cette composition.

Notre surprise s'accroît de plus en plus,

---

[1] *Voyez* à la page 148, *l'Histoire de la vie et des ouvrages de Raphaël*, par M. Quatremère de Quincy, la plus savante et la plus complète qui ait été écrite jusqu'à ce jour. *Paris, chez Charles Gosselin*, 1824.

lorsqu'on sait que cette même composition est regardée comme une de celles qui paraissent avoir été le plus complétement exécutées par Raphaël.

Ce tableau, qu'il faut enfin nommer, est celui que l'Italie appelle LA MADONNA DEL PESCE, et qui est connu en France sous la dénomination de LA VIERGE AU POISSON, *la plus divine des Madones qui ait jamais été conçue par l'imagination humaine* [1].

Appuyé sur d'anciens monumens et sur les autorités les plus respectables, nous croyons avoir trouvé le nœud de cette énigme, et si nous sommes assez heureux pour en donner l'explication, il nous sera doux de penser que nous aurons réparé

---

[1] MIEL, *Essai sur les beaux arts*, ouvrage aussi attachant par la pureté du goût, que par les graces du style. Paris, chez Delaunay, 1818.

un grand dommage que le temps avait fait à la gloire de Raphaël ; nous disons un grand dommage, et nous ne croyons pas trop dire.

Qu'on nous permette de développer notre pensée par quelques idées générales, qui, tout en nous détournant pour un instant de notre sujet, nous y ramèneront naturellement.

Ut pictura poesis : c'est un adage fort ancien ; Plutarque a dit depuis long-temps, que la peinture est une poésie muette, et la poésie, une peinture éloquente [1], et on a appelé Homère, le roi des peintres [2].

L'alliance de ces deux arts date du jour où ils ont paru pour la première fois pour charmer les mortels ; elle a été ci-

---

[1] PLUT. *Bello ne an pace*, etc.
[2] Μαλλον δέ τόν αριστον τῶν γραφεων Ὀμήρον..... δεδέγμεδα ; Lucian. *in Imaginibus.*

mentée par la douce confraternité, dont les poëtes et les artistes se sont plu de tout temps à s'unir, par l'empressement avec lequel on les a vus employer les ressources de leur génie, pour se recommander réciproquement à la postérité.

Phidias et Apelles font, l'un le buste, et l'autre le portrait d'Anacréon. L'aimable vieillard avait célébré par ses chants le Cupidon du statuaire, et les autres chefs-d'œuvre des peintres de son temps.

Cette alliance est constatée, surtout par un échange continuel de leurs plus belles créations, échange qui durera tant que les hommes ne retomberont pas dans la barbarie.

C'est sans doute au séjour des dieux, dit à Phidias un de ses amis, que vous êtes allé chercher l'expression sublime que vous avez su donner à la tête de Jupiter.

Le statuaire cita les vers d'Homère, où ce poëte dit qu'un regard du père des dieux suffit pour ébranler l'Olympe [1]. Ces vers en réveillant dans l'ame de Phidias l'image du vrai beau, de ce beau qui, au dire de Cicéron [2], n'est aperçu que par l'homme de génie, produisirent le Jupiter olympien.

[1] *Phidias..... simulacro Jovis Olympii perfecto quo nullum præstantius aut admirabilius humanæ fabricatæ sunt manus, interrogatus ab amico, quonam mentem suam dirigens, vultum Jovis propemodum ex ipso cœlo petitum, eboris lineamentis esset amplexus, illis se versibus quasi magistro, usum respondit:*

Ἦ, καὶ κυανέῃσιν ἐπ'ὀφρύσι νεῦσε Κρονίων.
Ἀμβρόσιαι δ'ἄρα χαῖται ἐπερρώσαντο ἄνακτος
Κρατὸς ἀπ'ἀθανάτοιο· μέγαν δ'ἐλέλιξεν Ὄλυμπον.
(Valer. max. lib. III, cap. VII.)

[2] *Nec vero ille artifex cum faceret Jovis formam aut Minervæ, contemplabatur aliquem a quo similitudinem duceret, sed ipsius in mente insidebat species pulchritudinis eximia quædam, quam intuens in eaque defixus, ad illius similitudinem, artem et manum dirigebat.* Cic. orat. cap. II.

Et à quelle source Michel-Ange a-t-il puisé ses inspirations ? On sait qu'il était admirateur passionné du Dante, et personne n'ignore, que ce fut le créateur de la langue et de la poésie Italienne, qui fournit au plus savant, au plus profond des dessinateurs, ces hautes pensées à la fois simples, fières et énergiques, qui impriment à ses ouvrages ce caractère de grandeur sombre, qui nous frappe d'étonnement : ame, imagination, vigueur, audace même, tout se ressemble entre ces deux puissants génies. On peut affirmer que sans la description de l'enfer et du purgatoire, nous n'aurions point le tableau du jugement dernier [1].

---

[1] Michel-Ange avait laissé un beau monument de son admiration pour le Dante. Nous voulons parler d'un exemplaire in-folio De la *Divina Commedia*, qu'on a trouvé après sa mort parmi ses livres. C'était une édition en

13

Les emprunts que la poésie fait à la peinture, sont à la vérité plus rares, mais les exemples que nous en avons ne sont pas

gros papier avec des marges très-larges ; sur ces marges, Michel-Ange avait reproduit par des dessins à la plume presque tout le poëme. On y voyait une quantité innombrable de nus, dessinés avec la plus rare perfection, et dans les attitudes les plus variées et les plus admirables. *Montauti*, statuaire très-habile, était devenu l'heureux possesseur de ce précieux volume. Mais obligé d'abandonner Florence pour se fixer à Rome, où à l'occasion d'un voyage qu'il avait fait dans cette ville, il fut mis au nombre des architectes préposés à l'achèvement de la Basilique de St-Pierre, il engagea un de ses élèves à se rendre auprès de lui, et le chargea de faire embarquer ses marbres, bronzes, études, et tous ses effets. Il ne manqua pas, comme on peut le penser, de recommander d'une manière toute particulière, le fameux *Dante*. Mais le navire porteur de ce vrai trésor, ayant fait naufrage entre Livourne et Cività-Vecchia, tout fut englouti par la mer avec le malheureux jeune homme. Ainsi (nous terminons cette note avec les propres paroles de *Monsignor Bottari*, de qui nous tenons ces détails) *Si fece perdita lagrimevole di questo preziosissimo volume, che bastava da se solo a decorare la libreria di qualunque gran Monarca.*

moins remarquables. Nous ne pouvons résister au plaisir d'en citer un, que personne, que nous sachions, n'a encore relevé, et qui nous paraît extrêmement piquant, par les singulières vicissitudes qu'une aimable création, enfantée par le génie de la peinture, a éprouvées dans l'espace de deux mille ans.

Le peintre Aétion, qui vivait du temps d'Alexandre-le-grand, voulant exprimer l'empire de Roxane sur ce prince, le représenta entouré d'une foule d'amours qui folâtraient et jouaient avec ses armes. Lucien qui, sans être poëte, sera toujours regardé comme un des plus beaux esprits de l'antiquité, nous conserva la description de cette ingénieuse invention; Raphaël s'en empara pour reproduire dans un dessin gravé par Augustin, le tableau d'Aétion. Voltaire, enfin s'en saisit pour la revêtir des plus belles couleurs de la poésie :

> Les folâtres plaisirs dans le sein du repos,
> Les amours enfantins désarmaient ce héros ;
> L'un tenait sa cuirasse encor de sang trempée,
> L'autre avait détaché sa redoutable épée,
> Et riait en tenant dans ses débiles mains,
> Ce fer, l'appui du trône et l'effroi des humains.

Mais les créations du genre de celle que nous venons de citer, bien que pleines de charme, ne sont que les jeux et les délassemens de la peinture et de la poésie. On a dit que les arts sont nés du cœur ; si des esprits chagrins voulaient contester, nous tâcherions de nous mettre d'accord avec eux, en disant seulement que le cœur s'en est emparé au moment même de leur naissance, et que c'est par ses inspirations que les arts opèrent des prodiges.

Il est donc incontestable, en ne parlant

d'abord que de la poésie, que son triomphe consiste dans l'expression des affections de l'ame, tantôt véhémentes et terribles, tantôt douces et tendres. Souvent avec un seul mot, elle nous remue jusqu'au fond du cœur. Témoin, cet émistiche de Virgile, où il décrit la fin malheureuse de ce jeune homme qui avait quitté Argos, sa ville natale, pour s'attacher à Evandre:

.... *Et dulces moriens reminiscitur Argos.*

Ce jeune guerrier frappé, hélas ! du coup mortel, jette un doux et triste regard sur sa patrie qu'il ne reverra plus. Trois mots suffisent au poëte pour former le tableau le plus attendrissant.

C'est aussi par l'expression des sentimens que la peinture prend un essor sublime.

La poésie a cet avantage sur sa sœur, qu'en nous représentant une action, elle nous raconte ce qui l'a précédée, et prépare ce qui doit suivre. Le passé, le présent, et même l'avenir, que le poëte tient à sa disposition, lui donnent la facilité de faire entrer dans sa fable tout ce qu'il croit pouvoir contribuer à l'effet qu'il se propose de produire.

Il n'en est pas ainsi de la peinture, qui se trouve circonscrite à un moment rapide; mais aussi elle reprend à son tour ses avantages en ceci qu'elle captive soudain par mille objets divers, l'organe de la vue, de tous nos sens, celui qui est le plus riche en jouissances, et le plus facile à séduire.

Si à ce premier prestige vient se joindre la représentation d'une action capable de nous intéresser, de nous émouvoir, c'est alors que l'impression est complète, c'est alors que nous jouissons véritablement, et que les expressions nous manquent pour rendre hommage au talent de l'artiste. C'est sans doute lorsque le plaisir des yeux et la jouissance morale se trouvent réunis, qu'au dire de Quintilien le pouvoir que la peinture, qui n'est pourtant qu'un ouvrage muet, *tacens opus*, exerce sur notre esprit, l'emporte sur les ressources de l'éloquence [1].

Mais, comment le peintre le plus habile pourrait-il produire un effet si surprenant, lorsqu'au lieu d'une action touchante, nous ne voyons dans son ouvrage qu'un *semblant d'action* [2], qu'une réunion de personnages qui n'ont aucune raison

---

[1] *Nec mirum si ista quæ tamen in aliquo sunt posita motu, tantum in animis valent, quum pictura, tacens opus, et habitus semper ejusdem sic in intimos penetrat affectus ut ipsam vim dicendi nonnumquam superare videatur.* Quint. Instit. orat.

[2] Expression de M. Quatremère, au sujet de la Vierge au Poisson. *Vie de Raphaël*, pag. 148.

de se trouver ensemble ? Il est évident que dans ce cas le peintre a manqué son but. Le spectateur est saisi sans doute d'admiration, en considérant la correction du dessin, la pureté des contours, la magie du coloris, la vigueur des tons; mais bientôt il s'aperçoit, que si ses yeux sont satisfaits, son esprit et son cœur ne le sont point; de cet instant, il ne voit plus qu'une création bizarre; que l'imitation d'une nature inanimée, et il demeure avec le regret, que l'artiste n'ait rempli qu'en partie le double objet qu'il devait avoir en vue [1].

Il n'est personne qui n'ait éprouvé ce que nous venons d'avancer; dès-lors on nous accordera, qu'expliquer le sujet d'un tableau de Raphaël, lorsque la tradition

---

[1] On peut sans doute appliquer à un tableau ce qu'Horace dit d'un poëme :

« *Non satis est pulchra esse poemata, dulcia sunto,*
« *Et quocumque volent animum auditoris agunto.* »

en est perdue, démontrer qu'ici, comme partout ailleurs, une combinaison savante et profonde a dirigé son goût et son imagination, ce sera rendre à cette composition ce souffle de vie, cette chaleur d'expression, nous avons presque dit cette verve poétique dont ce prodigieux génie savait animer tout ce qui sortait de son pinceau.

L'entreprise nous paraît si belle, que le moindre espoir de succès doit nous servir d'excuse, si nous avons trop présumé de nos forces en osant la tenter.

Le tableau de la Vierge au Poisson occupe un rang tellement considérable, parmi les productions de Raphaël, que son savant biographe le place au nombre des trois qui forment cette espèce d'échelle, qui sert à déterminer les trois âges de sa vie comme peintre, laquelle malheureusement n'a duré que vingt ans.

Ces trois tableaux sont : 1° LA VIERGE, dite LA JARDINIÈRE, qui est de 1507, et fixe le temps de sa première manière ; 2° LA VIERGE AU POISSON, faite en 1514, qui marque le passage de la seconde à la troisième manière ; 3° LA SAINTE FAMILLE du Musée royal, qui porte écrite la date de 1518, et constate le plus haut point auquel Raphaël se soit élevé.

LA VIERGE AU POISSON, qui est l'unique objet de cet écrit, a passé à ce qu'il paraît, de l'atelier de Raphaël, au pouvoir des Dominicains de Naples. De là, elle fut transportée en Espagne, d'Espagne à Paris, où elle ne fit qu'une courte apparition ; car très-peu de temps après, ce tableau fut rendu à l'Espagne avec plusieurs autres, dont elle avait à déplorer la perte [1].

---

[1] Il y a quelques années, un administrateur du musée conçut le projet de conserver à la France les cinq

Par le dessin au trait, que nous avons placé en tête de cet opuscule, le lecteur

tableaux de Raphaël, dont les noms suivent : *la Vierge au Poisson ; le Portement de croix*, ou *le Spasimo ; la Visitation ; la sainte Famille*, surnommée *la Perle* ; et une autre sainte *Famille*, surnommée *l'Agnus Dei*. Ces tableaux avaient été rendus, par suite du traité de 1815, à l'Espagne, qui mit à profit leur séjour à Paris, pour faire disparaître au moyen d'une habile restauration, les traces nombreuses des avaries qu'ils avaient éprouvées dans la traversée par mer, d'Espagne en France. L'administrateur dont il est question, fut envoyé à Madrid, au mois de mai 1818, avec pleins-pouvoirs pour opérer un échange. Le gouvernement espagnol aurait cédé les cinq tableaux de Raphaël, et le roi de France consentait, en retour, à une cession des plus beaux produits de nos manufactures de glaces, de porcelaines des Gobelins, de la Savonnerie, etc. On y ajoutait plusieurs tableaux choisis parmi ceux des maîtres de l'école Française, dont l'Espagne ne possède point, ou ne possède que peu de productions. Enfin, l'envoyé du ministère de la maison du roi de France était autorisé à faciliter cette négociation par quelques distinctions et décorations, pour le placement desquelles il avait reçu carte blanche. Notre ambassadeur à Madrid, M. le Duc de Laval-Montmorency, comprit l'importance du succès, et aida le négociateur de toute

a pu se former une idée suffisante du tableau qui nous occupe. Nous croyons toutefois utile à l'intelligence de la discussion dans laquelle nous allons entrer, de fixer son attention sur toutes les particularités qui en constituent l'ordonnance.

La Vierge tenant l'enfant Jésus dans ses bras est assise sur un siége, exhaussé par un soubassement, et occupe à peu

son influence. Malheureusement, ces efforts combinés ne purent l'emporter sur un sentiment exalté de dignité nationale, qui fit considérer les tableaux de Raphaël, par le ministère espagnol, comme des drapeaux reconquis, que l'honneur du pays ne permettait pas d'abandonner. D'autre part, quelques amours-propres blessés de voir une négociation semblable, entreprise et suivie sans leur concours, réussirent en même temps à multiplier de Paris les obstacles que cette affaire rencontrait déjà en Espagne, et il fallut enfin renoncer à l'espoir de doter la galerie du musée de chefs-d'œuvre, dont l'acquisition aurait compensé les pertes récentes de même nature que la France venait d'essuyer. A. de S.

« *Nous tenons cette note de l'obligeance de* M. le Vi-

près le milieu du tableau. A droite, et sur le premier plan est un adolescent à demi prosterné ; on dirait qu'il vient d'être introduit à l'instant par un ange qui, placé derrière lui, semble le soutenir légèrement par l'humérus, en lui passant le bras droit autour du corps.

L'adolescent tient de la main droite un poisson [1], suspendu par la hure à un petit cordon, dont on aperçoit le nœud

---

« comte de Senonnes, de l'institut, académie des beaux-« arts. *Le lecteur devinera facilement quel a été le mo-*« *deste négociateur qui avait conçu et poursuivi avec tant* « *de zèle le projet de conserver à la France, cinq chefs-*« *d'œuvre de Raphaël, exécutés pendant la plus belle pé-*« *riode de son talent.* »

[1] Nous n'avons pas besoin d'avertir que c'est de ce poisson qu'est venue la dénomination donnée au tableau, pour distinguer la Vierge qui y est représentée, des autres que Raphaël a faites en si grand nombre, lesquelles ont toutes été signalées par des circonstances en général indifférentes.

entre le pouce et l'index, et étend sa gauche, que son guide céleste tient dans la sienne, comme pour la diriger vers l'image révérée.

A la gauche de la Vierge, est un vieillard agenouillé sur le gradin le plus élevé du soubassement du trône; il tient dans ses mains un gros livre ouvert, dans lequel l'enfant Jésus porte sa main gauche, en même temps qu'il avance la droite vers l'adolescent. Aux pieds du vieillard, on voit la tête et les pattes d'un Lion en repos.

M. Quatremère fait remarquer que dans le tableau original, tel que nous l'avons vu au musée, la sainte Vierge et l'enfant Jésus forment un groupe que l'on pourrait supposer, *à la couleur près*, devoir jouer le rôle d'un ouvrage en sculpture; nous ferons observer à cet égard, que des statues peintes, et revêtues des couleurs de la vie, sont très-communes en Italie.

Un grand nombre de statues d'une haute antiquité, pour lesquelles on avait employé des matières différentes, nous offrent quelque chose de semblable. Nous nous contenterons de citer celle de Minerve, ouvrage de Phidias, qui était placée dans le temple consacré à cette déesse dans la ville de Platée. Cette statue était de bois doré, mais le visage, les mains et les pieds étaient de marbre [1].

Vasari, qui a écrit la vie de Raphaël, trente ans environ après sa mort, est le premier écrivain qui ait parlé du tableau de la Vierge au Poisson; il en rend compte en très-peu de mots. « Il fit, dit-il, vers le « même temps » (c'est-à-dire, après l'exécution de la fresque sur la retraite d'At-

---

[1] *Pausan.* Lib. IX.

tila) « un tableau à Naples [1], qui fut placé « à St-Dominique, dans la chapelle où est « le Christ qui a parlé à St-Thomas-d'A-« quin. On y voit la Ste-Vierge, St-Jé-« rôme en habit de cardinal, et un ange « Raphaël, qui accompagne Tobie [2]. »

Ce serait donc, d'après le biographe d'Arezzo, le jeune captif de Ninive, qui a vécu plus de six siècles et demi avant l'ère

---

[1] Vasari a voulu dire sans doute *pour Naples*, car rien n'annonce que Raphaël se soit jamais transporté dans cette ville.

[2] *In questo medesimo tempo fece a Napoli una tavola, la quale fu posta nella capella dov'è il Crocifisso che parlò a St-Tommaso-d'Acquino. Dentro vi é la nostra Donna, St-Girolamo vestito da Cardinale* *, *ed un angelo Raffaello che accompagna Tobia.*

Vite de' più eccellenti Pittori, Scultori, ed Architetti, scritte da Giorgio Vasari, Pittore ed Architetto Aretino. V. vol. 8, édit. de Milan, 1810, pag. 72.

* Nous ne savons pas pourquoi presque tous les peintres ont donné à St-Jérôme une robe de couleur rouge; quelle que soit la raison, et quoi qu'en dise Vasari, Raphaël n'a pu avoir l'intention de le revêtir d'une dignité qui n'a été créée que plusieurs siècles après ce saint docteur.

chrétienne, que Raphaël aurait mis avec l'enfant Jésus, la Ste-Vierge et St-Jérôme.

Vasari l'a dit, il a été cru sur parole, et son assertion s'est tellement accréditée, que personne ne s'est encore avisé de demander s'il ne serait pas possible qu'il eût commis une grave méprise.

Cependant, tous les artistes et connaisseurs s'accordent à dire que personne ne posséda comme Raphaël, la justesse et la correction des pensées; que personne n'eut autant que lui le sentiment des convenances, c'est-à-dire, que personne n'a été plus que lui scrupuleux observateur du juste rapport qui doit exister entre les circonstances de temps, de lieux et de mœurs; dès-lors, comment comprendre que les *Bellori*, les *Della-Valle*, les *Bottari*, les *Lanzi*, et tant d'autres savans admirateurs de Raphaël, aient pu consentir à lui attribuer le plus choquant des anachronismes ?

Certes, on ne peut lui reprocher une faute si capitale dans aucune autre de ses compositions. Cette circonstance est assez remarquable pour qu'on dût depuis long-temps s'enquérir, si Vasari n'aurait pas parlé trop légèrement; c'est ce que nous allons examiner.

Loin de nous l'intention de méconnaître le mérite du père de l'histoire des arts du dessin, histoire qui fut un vrai phénomène à l'époque de son apparition, et restera toujours comme modèle de style; car il est on ne peut plus approprié au sujet, et plein d'une grâce inexprimable.

Et d'ailleurs, que saurions-nous de l'histoire de ces hommes privilégiés, qui au réveil du génie des arts, saisis soudain du sentiment sublime du *Beau*, éprouvèrent le vif besoin de l'exprimer et de le répandre par des ouvrages immortels, sans les documens précieux que Vasari a recueillis avec des peines infinies, et qu'il a eu le soin de nous transmettre? Mais tout en reconnaissant les grandes obligations que nous lui avons, faudra-t-il fermer les yeux sur les nombreuses inexactitudes qui ne pouvaient manquer de déparer un ouvrage de si longue haleine, composé dans un temps où la science critique était si imparfaite, et entrepris par un homme, qui étant extraordinairement occupé dans toutes les principales villes d'Italie, en sa double qualité de peintre et d'architecte, a dû appeler à son aide des collaborateurs étrangers aux arts, dont il n'a revu le travail, soit par excès de confiance, soit parce que ses travaux par trop multipliés ne lui en ont pas laissé le loisir?

Serons-nous obligés parce qu'il a été quelquefois grand peintre, au point que son style dans le portrait a pu être assimilé à celui de Giorgion [1], de lui accorder un sentiment bien épuré des convenances; lorsque nous lisons dans sa vie, écrite par lui-même, que dans un tableau du Christ descendu de la croix, il a mis PHÉBUS et DIANE, qui couvrent, l'un la face du Soleil, et l'autre, celle de la Lune, et qu'ailleurs il a placé ORPHÉE, HOMÈRE, VIRGILE et DANTE, chantant les louanges de Jésus-Christ?

Ces questions n'exigent point de réponses; on conçoit dès-lors, qu'un artiste qui a cru pouvoir faire passer comme très-ingénieuses, les inventions que nous venons de citer, n'était pas un homme

---

[1] *Richardson*, t. 3. *Ne' ritratti Vasari è un altro pittore diverso da se medesimo.* Bottari.

à se formaliser d'un anachronisme, quelque révoltant qu'on puisse l'imaginer.

Nous dira-t-on que Vasari ayant pu voir à Naples, le tableau de la Vierge au Poisson, n'a pu manquer d'être instruit de la pensée qui a conduit la main de Raphaël?

Cette objection, bien loin d'infirmer la force des observations qui précèdent, nous fournit au contraire l'occasion de mettre de plus en plus en évidence le peu d'intérêt que mettait notre biographe, à s'enquérir avec soin du véritable sujet des nombreux chefs-d'œuvre qu'il a vus, et même copiés; car personne n'a plus copié que Vasari.

Il a eu, sans doute, pendant son séjour à Naples, tout le loisir d'admirer et d'étudier LA VIERGE AU POISSON; mais il avait vu aussi à Rome, et probablement copié le martyre de Ste-Félicité et de ses enfans que Raphaël avait dessiné pour Marc-Antoine Raymondi; et qui le croirait cependant ? si on s'en rapporte à ses notices historiques, ce n'est plus Ste-Félicité que nous devons voir dans ce dessin, mais Ste-Cécile. Encore ceci n'est qu'une petite distraction.

Vasari avait admiré, étudié, dessiné les fresques si renommées dont Raphaël avait décoré le Vatican. Personne n'était donc plus que lui en état de nous en donner la description la plus fidèle; eh bien! qu'on ouvre la vie de Raphaël, et on verra que notre biographe nous offre comme une seule et même composition: L'École d'Athènes, et la Dispute du St-Sacrement, jusqu'à mettre ensemble les Évangelistes, Platon, les Anges, Socrate et Diogène. Et ce qu'il y a de plus étonnant encore, c'est qu'une méprise aussi inconcevable a été partagée par Lomazzo [1] et par Borghini [2]; tant il est vrai que ce n'est pas aussi rare qu'on pourrait le penser, de voir l'absurdité trouver accès auprès d'hommes instruits. Ceci nous explique comment la méprise de Vasari, au sujet de la Vierge au Poisson, a pu se propager, si l'on considère surtout qu'il s'agit ici d'une composition, qui, comme nous le démontrerons plus tard, est toute d'invention, et à l'égard de laquelle nous n'avons, pour pénétrer la pensée de Raphaël, d'autres données que les objets qu'il lui a plu de mettre sous nos yeux, tandis que les autres erreurs de Vasari portent sur des notions universellement reçues, ou sur des faits

---

[1] *Lomazzo*, Lib. 2, Cap. 2.
[2] *Borghini.* Riposo, pag. 316.

historiques qu'il était facile de rectifier.

Ajoutons cependant, pour l'honneur de Vasari, qu'il nous paraît moins inexcusable qu'on ne pourrait le croire, car nous ne sommes pas éloignés de penser que Raphaël prenant plaisir à exercer la sagacité et le savoir de ses contemporains, se complaisait à faire un mystère de ses inventions les plus ingénieuses, même aux personnes qui avaient avec lui des relations habituelles; de là toutes les explications bizarres qui en ont été données. Voici un fait qui paraîtrait autoriser notre conjecture : la gravure la plus ancienne qui existe de l'*École d'Athènes*, porte la date de 1524 (Raphaël est mort en 1520). Elle est l'ouvrage du vénitien *Agostino de' Musis*, connu sous le nom d'*Augustin*, élève et collaborateur d'*Antoine Raymondi*, que Raphaël affectionnait particulièrement, et encourageait en lui fournissant des dessins, destinés uniquement à être gravés. Eh bien! *Augustin*, pendant qu'il s'occupait de multiplier par le burin la fresque de l'*École d'Athènes*, il en connaissait si peu le sujet, qu'il eut la simplicité d'y voir un trait du nouveau Testament, et plein de cette idée il ajouta à sa gravure plusieurs passages de l'Évangile, tirés du texte grec.

Si Vasari pouvait répondre à la sévérité de nos reproches, ne serait-il pas en droit de nous dire : Comment n'aurais-je pas été trompé, puisque ceux-là même l'ont été, qui ont vécu dans la familiarité de Raphaël?

Mais revenons à LA VIERGE AU POISSON. Ce n'est que de nos jours que deux de nos savans académiciens, M. Quatremère de Quincy, et M. Emeric David, qui ont voué une espèce de culte à Raphaël, ont mis de l'importance, l'un à pallier autant que cela était possible, l'autre à repousser l'inculpation d'anachronisme qu'il se serait attirée, s'il fallait s'en rapporter à l'assertion de Vasari.

Mais leurs efforts ont-ils été couronnés de succès ? Il est évident que si nous en étions persuadés, ce serait reconnaître, nous les premiers, l'inutilité de cet écrit. Mais l'autorité de leurs noms est d'un trop grand poids, pour que nous puissions nous dispenser de faire connaître les raisons, qui nous empêchent d'admettre les moyens divers que chacun d'eux a imaginés pour atteindre le but qu'il a eu en vue.

M. Quatremère reconnaissant l'impossibilité de justifier pleinement Raphaël, ne veut qu'atténuer la faute énorme dans la-

quelle il le croit tombé, et pour y parvenir, il établit qu'il faut mettre le tableau de la Vierge au Poisson « au nombre
« de ces compositions où l'on voit de ces
« associations purement conventionnelles,
« de saints personnages, dont les peintres
« réunissaient alors les images dans un
« même tableau, au gré de la dévotion
« de chaque particulier, et qui ne signi-
« fiaient souvent que les noms de bap-
« tême de celui qui avait commandé le
« tableau; ici, dit-il, ce ne fut peut-être
« qu'un hommage rendu à la Ste-Vierge,
« par quelqu'un qui s'appelait Raphaël
« Jérôme. »

Et quelques lignes plus bas il ajoute:
« Nous ne chercherons donc ici, et nous
« n'attribuerons de nouveau mérite à Ra-
« phaël, que celui d'avoir su répandre,
« sur de pareils sujets, plus d'intérêt qu'on

« ne le faisait avant lui, en liant les per-
« sonnages par *un semblant d'action* pro-
« pre à corriger *l'insignifiance des figures*
« *qui n'ont aucun rapport entre elles;* et
« ce fut d'après ce nouveau système (sans
« aucune autre raison d'un ordre plus re-
« levé), que furent sans doute compo-
« sées LES VIERGES DE FULIGNO, DE DRESDE,
« LA STE-CÉCILE, LA VIERGE AUX TROIS
« SAINTS, etc. »[1].

Il y a dans le nom de Raphaël quelque chose de si magique, et l'intérêt qu'on
prend à tout ce qui touche à sa gloire
est si vif, qu'il n'est pas étonnant que
ces explications aient été reçues avec empressement. Aussi elles font dans ce moment le texte de toutes les notices qui

---

[1] Histoire de la vie et des ouvrages de Raphaël, *pag.*
147 *et* 148.

accompagnent les gravures de la Vierge au Poisson [1].

Cependant on ne peut se le dissimuler, et nous sommes convaincus que M. Quatremère ne se le dissimule pas non plus, que ces mêmes explications ne sont pas de nature à soutenir un examen sérieux.

Et d'abord, en admettant que des concessions aient été faites par Raphaël aux exigences de ceux qui lui demandaient des ouvrages, est-il croyable qu'il ait poussé la condescendance jusqu'à franchir toutes les limites posées par le goût et la raison? Serait-il donc vrai que si les peintres les plus célèbres de l'école vénitienne se sont laissés aller aux plus déplorables extra-

---

[1] *V.* le Musée de peinture et de sculpture, ou recueil des principaux Tableaux, Statues, etc. par Réveil et Duchesne aîné, 8me livraison. *Paris, chez Audot, éditeur, rue des Maçons-Sorbonne, n°* 11.

vagances, l'un jusqu'à placer dans une présentation du Christ au peuple, des pages habillés à l'espagnole, ainsi que l'aigle autrichienne sur les boucliers des soldats Romains [1], et l'autre, jusqu'à faire intervenir dans son admirable tableau des Noces de Cana, des Vénitiens, des Orientaux, le roi de France enfin, et le grand Turc avec le Sauveur, la Vierge et les Apôtres [2], serait-il vrai, disons-nous, qu'ils auraient été entraînés dans ces pitoyables écarts par l'exemple de Raphaël? Cette conséquence inévitable serait un des plus grands outrages qu'on pût faire au nom de ce grand peintre.

Cependant, pour être logique, on est obligé de convenir que soit que les per-

---

[1] *Le Titien.*
[2] *Paul Veronese. V. Taillasson.* Observations sur quelques grand peintres, etc.

sonnages qu'on représente comme prenant part à une action, aient vécu plusieurs siècles avant que cette action ait eu lieu, soit qu'ils aient existé plusieurs siècles après, l'anachronisme n'est pas moins choquant au dernier point.

Une autre reflexion se présente ici, qui ne sera pas moins appréciée par le lecteur. Lorsque Raphaël mit la main au tableau qui nous occupe, il touchait à l'apogée de son talent, et jouissait de tous les avantages que donne une grande fortune; l'homme de génie savait déjà qu'il avait une grande réputation à conserver dans tout son éclat, aux yeux de ses contemporains et de la postérité.

Dès-lors, comment se prêter à la supposition que ce soit précisément à cette époque de sa vie qu'il ait consenti, ou pour une somme d'argent, ou par faiblesse, à ternir sa gloire par la composition la plus bizarre ? Car on ne doit pas oublier, ainsi que nous l'avons déjà fait observer, que jusque-là il n'avait nulle part montré un tel mépris pour la vraisemblance historique.

On nous cite les Vierges de Fuligno, de Dresde, la Ste Cécile, et la Vierge aux trois Saints. Mais M. Quatremère a répondu lui-même d'avance à cette objection. C'est lui qui nous enseigne qu'il est permis au peintre comme au poëte de rapprocher et de faire coexister les êtres les plus éloignés; « pourvu que le pein-
« tre qui ne parle qu'aux sens matériels,
« mette une certaine restriction à cette
« licence poétique, en évitant dans une
« *coexistence purement intellectuelle* ce
« qui pourrait trop la démentir, comme
« le ferait, par exemple, une coopération

« positive ou trop sensible à une action
« historique assez connue, pour que le
« spectateur doive être blessé de l'ana-
« chronisme des personnages. »

Ces principes de convenance ont été parfaitement observés par Raphaël, dans les tableaux qu'on vient de nommer; car, ainsi que M. Quatremère le fait observer, les sujets qui y sont représentés n'offrent ni action ni coopération, et l'objet qui sert de réunion à tous ces personnages n'a rien de matériel. Mais il en serait tout autrement dans le tableau de LA VIERGE AU POISSON, si l'on persistait à y voir le jeune Tobie. La différence est trop frappante pour qu'il soit nécessaire d'entrer à cet égard dans de plus grands développemens.

M. Emeric David a entrevu la possibilité d'écarter de la composition de Raphaël jusqu'à l'ombre d'anachronisme, tout en y maintenant le jeune Tobie. Suivant cet académicien, le sujet est une allégorie.

Comme il est à présumer que le magnifique ouvrage où la pensée de M. Emeric David se trouve consignée et développée [1], n'est pas très-répandu à cause de l'élévation du prix, nous croyons ne pouvoir nous dispenser de la faire connaître brièvement, mais aussi exactement qu'il nous sera possible. Le savant écrivain commence par établir qu'à partir des premiers siècles de l'église, jusqu'au

---

[1] Suite d'études calquées et dessinées d'après cinq tableaux de Raphaël, accompagnées de la gravure au trait de ces tableaux, et de Notices historiques et critiques composées par M. Emeric David, membre de l'institut.

Paris, 1822, prix : 240 fr. avant la lettre, et 144 fr. après la lettre.

Concile de Trente, qui a placé le livre de Tobie au nombre des livres canoniques, cet antique monument n'était regardé que comme une histoire religieuse et morale, étrangère aux fondemens de la foi ; qu'à Rome, cependant, cette histoire avait toujours été considérée comme faisant partie des livres sacrés, et que la même opinion était sans doute partagée par les Dominicains de Naples qui avaient commandé le tableau ; cela posé, « c'est la ca-
« nonicité, nous dit-il, du livre de Tobie,
« que le peintre a voulu rendre sensible,
« et la version de St-Jérôme qu'il a eu
« pour objet de célébrer. Tobie, conduit
« par un esprit divin, mais encore enfant,
« c'est-à-dire, avant son admission parmi
« les écrivains sacrés, se présente à Jésus
« en tremblant. Marie hésite avant de re-
« connaître sa mission, de même qu'une

« partie de l'Église avait long-temps hé-
« sité. Le Messie, au contraire, accueille
« avec empressement l'enfant inspiré, et
« s'empare du livre prophétique que tient
« St-Jérôme. Dévoués à Rome, comme leur
« maître, et devançant la décision du
« Concile de Trente, les disciples de St-
« Thomas ont maintenu par ce tableau
« le captif de Ninive au rang des pro-
« phètes, et proclamé la sainteté de la
« version à laquelle Rome a dans tous
« les temps attaché sa croyance. »

Il y a dans cette explication quelque
chose de si ingénieux, et elle est ex-
posée avec tant d'art, qu'on ne doit pas
être surpris que son auteur, séduit lui-
même par tout ce qu'elle offre de plausible,
se soit départi un instant de cet esprit de
critique rigoureuse qu'il a montré dans
les nombreux ouvrages dont il a enrichi

l'histoire des beaux-arts. On a objecté que le sujet du tableau, ainsi conçu, est par trop éloigné des pratiques et des habitudes de la peinture [1].

Nous pourrions ajouter, en rappelant le vers du poëme de la peinture de Lemierre :

L'allégorie habite un palais diaphane,

qu'une des principales conditions qu'elle exige, c'est que le voile qui la couvre, soit assez léger pour qu'il ne soit pas trop difficile d'y voir à travers. Or, d'après notre académicien, le voile serait tellement dense, qu'au lieu d'une allégorie nous aurions une véritable énigme. Mais nous avons des observations beaucoup plus importantes à soumettre à l'auteur,

---

[1] Histoire de la vie et des ouvrages de Raphaël, par M. Quatremère, *pag.* 148.

des notices qui accompagnent les études tirées des cinq tableaux de Raphaël.

D'abord, l'allégorie qui nous est proposée est appuyée sur un point de fait d'une telle importance, que pour l'admettre il faut que ce fait soit établi de la manière la plus incontestable.

Mais est-il bien certain que dans les premiers siècles de l'Église, l'histoire de Tobie ne fût point considérée comme un livre révélé? M. Emeric David l'affirme au commencement de sa notice, ensuite il paraît n'élever de doutes que relativement à la canonicité de la version de St-Jérôme, en donnant à entendre que ce ne fut que la canonicité de cette version, proclamée enfin par le Concile de Trente, que le peintre a voulu célébrer d'avance. Il nous semble que cette dernière hypothèse ne pourrait être accueillie qu'autant que la version de l'histoire de Tobie par St-Jérôme aurait donné lieu à une discussion particulière, discussion qui aurait été très-animée du temps de Raphaël. Mais nous ne trouvons rien dans l'histoire qui vienne à l'appui de ce fait, et on ne peut pas dire que les opinions particulières de quelques docteurs et théologiens qui ont vécu à de très-grands intervalles les uns des autres, aient fait une grande sensation dans l'Église.

Ce qu'il y a de certain, c'est que le Concile de Trente a, dans sa session IVe, déclaré en général, et sans supposer même, au sujet de l'histoire de Tobie, qu'elle pût donner lieu à un examen particulier, a déclaré, disons-nous, authentique toute la version vulgate de la Bible, dont l'Église n'avait cessé de se servir depuis une longue suite de siècles. *Statuit et declarat*, porte le décret, *ut hæc ipsa vetus et vulgata editio, quæ longo tot seculorum usu in ipsâ ecclesiâ probata est .... pro authentica habeatur.*

Il résulte de là que la question ne peut rouler que sur le point de savoir si l'histoire de Tobie en elle-même, soit dans l'original, soit dans la version grecque ou latine, a été, antérieurement au Concile de Trente, exclue du nombre des livres révélés. Ici les preuves pour se prononcer négativement sont trop nombreuses pour que nous ayons besoin d'entrer dans de grands développemens. Il nous suffira de rappeler que St-Polycarpe, disciple de St-Jean l'évangéliste, et St-Cyprien, l'auteur du poëme sur la résurrection des morts, qui vivait dans les premiers siècles de l'Église, citent le livre de Tobie comme un livre inspiré. Nous pourrions nommer encore un grand nombre de pères grecs et latins qui ont constamment professé le même respect pour ce livre, de sorte qu'il n'est rien moins que constant, que dans les premiers siècles de l'Église le livre de Tobie ne fût regardé que comme une histoire purement religieuse et morale.

A la vérité, on nous oppose le Concile de Laodicée. Les historiens ne sont pas d'accord relativement à l'année en laquelle cette assemblée a eu lieu; car Baronius la fixe à l'an 314, d'autres, à l'an 319, d'autres enfin, à l'an 352. Quoi qu'il en soit, ce qu'il importe de faire observer, c'est que le Concile ne rejeta point d'une manière explicite et formelle le livre de Tobie. Il s'était introduit parmi les fidèles de Phrygie l'usage de lire ou de chanter dans l'église des psalmodies vulgaires, composées par des particuliers, ΙΔΙΩΤΙΚΟΥΣ ΨΑΛΜΟΥΣ;

l'assemblée voulant faire cesser cet abus, prescrivit de ne faire dans les temples que des lectures tirées des livres sacrés.

C'est à cette occasion que le Concile en dressa une espèce de catalogue incomplet, car le livre de Tobie n'est pas le seul qui y ait été omis. On conviendra qu'on ne peut pas tirer de là la conséquence que les pères, réunis à Laodicée, aient rejeté comme profane le livre de Tobie. Dans tous les cas, l'induction que l'on voudrait tirer du silence de ce Concile, au sujet de ce livre, tombe d'elle-même, lorsqu'on voit dans le même siècle, en 393, le Concile d'Hippone, auquel St-Augustin fut présent, dresser au canon 47e, le catalogue des livres sacrés tel que nous l'avons aujourd'hui. Or, l'autorité de ce Concile fut telle, dit le savant annotateur de la grande collection des Conciles, publiée à Paris en 1644, par l'imprimerie royale, qu'il servit de type au Concile postérieur tenu en Afrique.

Aussi, cinq ans plus tard, le Concile de Carthage adopta les statuts locaux de celui d'Hippone, et quant au canon 47me qui regardait toute la chrétienté, il ordonna qu'il serait communiqué aux églises d'outre-mer, et termina le décret par ces paroles mémorables : « Parce que tels « sont les livres que nos pères nous ont « transmis pour en faire la lecture dans « l'église, *quia à Patribus ista accepimus* « *in ecclesiâ legenda.* »

Il n'existait donc plus de doute dans la catholicité sur le caractère sacré de l'histoire de Tobie, lors de la convocation du Concile de Trente.

Cette assemblée bien loin d'avoir nouvellement admis dans le canon des livres qui n'y étaient pas, n'a fait que déclarer de nouveau quels étaient ceux que l'Eglise universelle avait toujours regardés comme révélés. Elle n'a fait que consacrer de nouveau ce que les Evêques réunis, onze siècles auparavant, à Hippone et à Carthage, avaient consacré. Une chose digne de remarque, c'est que le canon d'Hippone et celui de Trente sont conçus dans les mêmes termes.

Cette nouvelle déclaration solennelle a été jugée nécessaire, à cause des novateurs qui rejetaient de la Bible tout ce qui contrariait leurs doctrines. On n'est donc pas fondé à soutenir que la canonicité de quelques-uns des livres sacrés n'a été fixée irrévocablement que par le Concile de Trente.

Nous laissons au lecteur à tirer la conséquence de tout ce qui précède.

Il est trop sensible que si l'explication allégorique qui nous est proposée, fait honneur à l'esprit inventif de l'académicien qui l'a imaginée, l'appui de l'histoire lui manque, et qu'elle ne peut dès-lors obtenir notre assentiment. De là, l'autre conséquence qu'il y a impossibilité, tant qu'on s'obstinera à voir le jeune Tobie dans le tableau de Raphaël, non-seulement de faire disparaître, mais d'atténuer la faute qui le dépare.

Heureusement pour sa gloire, cette faute Raphaël ne l'a pas faite, car il n'a pas eu la pensée de placer Tobie dans son tableau. Mais nous allons plus loin, et nous affirmons que dans la supposition qu'il eût voulu y représenter le pieux Israélite, il l'aurait caractérisé tout autrement que nous ne le voyons.

Ici une première observation se présente, c'est que lorsque Tobie partit pour son voyage il touchait à l'âge viril, aussi c'est par la même occasion qu'il contracta mariage. Or, notre prétendu Tobie est à peine sorti de l'enfance. Mais il y a plus, nous ouvrons l'histoire de Tobie au chapitre VI, et nous lisons :

« Tobie se mit donc en chemin .... et
« il demeura la première nuit dans un lieu
« proche du fleuve Tigris. »

« Etant allé laver ses pieds, un *très-*
« *grand Poisson (Piscis immanis)*, sortit
« de l'eau pour le dévorer.

« Ce qui l'ayant rempli de frayeur, il
« jeta un grand cri, en disant : Seigneur,
« il va se jeter sur moi. »

On voit que le poisson dont il est ici question, était une espèce de monstre marin, d'une grosseur prodigieuse et capable de dévorer un homme dans la force de l'âge. Nous le demandons maintenant, est-il croyable que Raphaël, dont le goût était si exquis, dont toutes les créations portent l'empreinte du génie, ait pu imaginer de nous représenter ce monstre effroyable par le petit poisson que nous voyons suspendu à la main d'un enfant? En vérité, il y aurait là une pauvreté d'invention par trop indigne de Raphaël.

Que dirions-nous, si on nous voulait faire accroire qu'un des plus célèbres statuaires de l'antiquité a représenté aussi mesquinement le lion Néméen, par exemple, ou le sanglier Calydonien, l'un suspendu à la main d'Hercule, et l'autre à celle de Méléagre? Ne croirions-nous pas qu'on veut se jouer de notre simplicité? Qu'on nous permette encore une observation, qui nous est suggérée par les noms de ces héros. Nous prévenons le lecteur que nous ne la proposons que sous la forme de doute, en nous en rapportant à ce qu'en décideront ceux qui sont plus versés que nous dans tout ce qui touche aux procédés généralement observés dans les beaux arts.

Hercule ayant étouffé le lion Néméen, n'en a conservé que la dépouille. C'est couvert de cette dépouille, que les statuaires et les graveurs nous le représentent le plus communément. Quelquefois ils l'offrent à nos regards, accompagné du Lion, mais alors, ils ont en vue de nous retracer le moment où l'animal est étouffé par le héros. C'est ainsi qu'on le voit dans les médailles d'Héraclée d'Italie.

Méléagre après avoir tué le sanglier Calydonien, n'en a conservé que la hure; c'est avec cette seule portion du monstre abattu, qu'il se montrait à nous au musée, dans un groupe d'un marbre un peu cendré, qui est regardé comme un chef-d'œuvre de sculpture antique. Il n'a pas d'autre distinctif sur des cornalines et autres pierres gravées, si ce n'est que l'artiste y a ajouté le chien du héros.

Mais pourquoi dans un bas-relief qui est à Rome, et sur une pâte antique de la collection du baron de Stosch, voyons-nous le sanglier? Parce que les deux artistes ont choisi le moment où le héros poursuit le terrible animal.

Nous pourrions multiplier ces exemples, en rappelant d'autres monumens d'une haute antiquité, dans lesquels la même règle est scrupuleusement observée.

Nous disons donc, en nous résumant, que des exemples que nous venons de citer, il en sort cette règle générale : que dans les ouvrages d'art, l'animal qui caractérise le héros, ne doit y être retracé qu'à raison de la portion qui en est restée entière après sa destruction, à moins que l'artiste n'ait pris pour sujet le moment même où le héros est aux prises avec l'animal, ou l'instant qui suit immédiatement.

Si cette règle est exacte, nous sommes autorisé à conclure que Raphaël qui avait fait une étude approfondie de l'antiquité [1], n'aurait certes représenté Tobie avec le poisson, qu'autant qu'il aurait choisi, soit le moment où l'Israélite le tenant par les ouïes, l'entraîne à lui, ainsi que son guide lui avait prescrit de faire, soit l'autre mo-

---

[1] « On sait qu'il (*Raphaël*) voulut l'étudier, en quel-
« que sorte, dans le pays même où il avait pris nais-
« sance; il envoya des élèves dans la Grèce, afin de
« dessiner pour lui sur les lieux, les restes sublimes de
« l'antiquité. »

Winckelmann. Réflexions sur les ouvrages des Grecs, en peinture et sculpture.

ment où le monstre se débat à ses pieds. Car la Bible nous apprend qu'immédiatement après, il n'existait de l'animal que quelques parties, qui ont été détruites plus tard, telles que le cœur, le fiel et le foie, lesquelles, au surplus, ne peuvent être d'aucun usage dans les arts du dessin. Qu'il nous soit donc permis de le répéter avec cette assurance qui n'appartient qu'à une conviction profonde : si Raphaël avait voulu offrir à nos regards le captif de Ninive, il ne l'aurait pas représenté tel que nous le voyons dans le tableau de LA VIERGE AU POISSON.

Non, l'adolescent qui dans cette composition nous inspire un si vif intérêt, n'est pas Tobie; et Vasari qui l'a dit le premier, ne mérite pas plus créance que lorsqu'il veut que nous voyons Ste-Cécile, là où Raphaël a évidemment dessiné Ste-Félicité.

Mais, qui est donc cet adolescent? Telle est la question que le lecteur nous a sans doute adressée plus d'une fois, en nous faisant intérieurement le reproche de lui en faire attendre si long-temps la solution.

Nous comprenons son impatience, mais nous le prions toutefois de considérer que lorsqu'on entreprend de faire prévaloir la vérité sur une opinion, qui est depuis des siècles en possession de la croyance générale, le premier devoir d'un écrivain est de démontrer que cette opinion a été reçue sans un examen approfondi, et que la raison se refuse à lui prêter son assentiment.

Nous allons enfin essayer de nous acquitter de la tâche que nous nous sommes imposée.

Il n'est aucun de nos lecteurs qui n'ait fait la réflexion, que sans l'attribut du

Poisson, il ne serait venu dans la pensée de Vasari, ni de personne, de voir le jeune Tobie dans l'adolescent que Raphaël a représenté aux pieds de la Vierge et de son divin enfant.

Or, cet attribut appartient-il si exclusivement au jeune Israélite, qu'il ne puisse désigner que lui seul? Qui oserait l'affirmer? Car y a-t-il un signe plus caractéristique pour reconnaître Hercule, que la dépouille du Lion? Cependant on trouve des médailles de Commode, où l'on voit cet Empereur, également couvert de la peau d'un Lion. Cette circonstance a fait prendre pendant long-temps pour Commode, l'Hercule du Belvédère; c'est Winckelmann qui a fait reconnaître l'erreur.

Et sans sortir de l'iconologie sacrée, qu'y a-t-il de plus connu que les attributs qui distinguent les quatre Evangélistes?

Personne n'ignore que St-Marc est figuré par le lion [1], cependant dans notre tableau, on s'est généralement accordé à reconnaître St-Jérôme, malgré le lion qui est à ses pieds, dans le vieillard qui est représenté tenant un livre dans ses mains. Le St-Jérôme si célèbre du Corrège, est également accompagné d'un lion.

Ces réflexions se présentent si naturellement, qu'on a peine à comprendre qu'elles n'aient pas été faites depuis long-temps, et qu'aucun des admirateurs de Raphaël, avant de souscrire à la grave inculpation portée contre lui, ne se soit demandé si le poisson était un emblême qui dût s'appliquer nécessairement et uniquement au jeune Tobie. Cette demande aurait conduit à rechercher si le poisson, comme em-

---

[1] Toutefois St-Augustin dans la Concorde des Evangélistes attribue le Lion à St-Matthieu.

blême, n'a point joué un rôle dans l'antiquité, et si ce ne serait pas l'antiquité dont Raphaël a été si curieux, qui lui aurait suggéré l'idée d'employer ce signe mystérieux dans un de ses tableaux.

Ces questions nous avons eu le bonheur de nous les faire, et nous avons cru à l'instant même voir se soulever le voile qui nous a dérobé jusqu'à ce jour la pensée que notre peintre a voulu rendre sensible par sa touchante composition.

Arrivé à ce point de notre travail, nous sommes obligé de solliciter de l'archéologie le secours de son flambeau; mais d'abord nous sommes averti par notre sujet, qu'il ne peut ici être question du poisson qui a été placé dans les temps les plus reculés parmi les constellations, et encore moins des poissons dont les auteurs et les poëtes profanes nous parlent dans leurs Mythologies [1]; que c'est en vain que notre mémoire nous rappelle les médailles anciennes qui portent un poisson pour emblême, telle que celle que la ville de Tarante avait fait frapper, sur laquelle, outre le poisson, on voit un enfant; que nous retraçons inutilement à notre pensée les poissons de toutes espèces que plusieurs villes d'Egypte avaient placés sur les autels, et plus particulièrement le poisson entouré d'un enfant, d'un vieillard et d'autres figures symboliques, qui était consacré dans le temple de Minerve à Saïs, ville du Delta, et devant lequel des populations entières allaient brûler de l'encens.

Notre sujet nous avertit, disons-nous,

---

[1] *Syri complures pisces non esitant, et sorum Simulacra aurata pro Diis penatibus habent.* Hygin. Lib. II.

Inde nefas ducunt genus hoc imponere mensis. Nec violant timidi piscibus ora Syri. Ovid. fast. Lib. XI.

que tous ces monumens ne peuvent nous prêter ici le moindre secours, et que c'est aux antiquités chrétiennes que nous devons demander des clartés pour expliquer une composition inspirée par la religion du Christ.

En donnant cette direction à nos investigations, nous tâcherons de ne rien omettre de ce qui nous paraîtra nécessaire pour atteindre notre but, rien de ce que nous croirons propre à satisfaire la curiosité des amateurs des arts qui sont le moins familiarisés avec les recherches archéologiques. Car c'est uniquement pour eux que nous nous sommes hasardés à prendre la plume.

Et d'abord, nous n'avons qu'à nous reporter au temps de l'Eglise naissante, pour que les monumens qui peuvent nous éclairer s'offrent à nous en foule. On sait que les premiers chrétiens obligés de se cacher à cause des persécutions auxquelles ils étaient en butte, et éprouvant le besoin de communiquer ensemble sans réveiller l'attention de leurs ennemis, avaient recours à plusieurs moyens dont ils étaient convenus entre eux pour se reconnaître. Le premier et le plus caractéristique, était comme peu de personnes l'ignorent, le Symbole des Apôtres [1]. Mais avant de s'aventurer à en faire usage, il importait aux fidèles de s'assurer que celui qu'on aurait pu prendre pour un chrétien, l'était véritablement. Ils avaient donc imaginé divers signes qui, bien qu'apparents, n'étaient significatifs que pour eux.

[1] V. Rufin d'Aquilée, *De expositione Symboli*; on pourra encore consulter les dissertations, l'une de Scheelestrate, et l'autre de Tentzelius, portant toutes les deux le titre: *De Disciplina arcani*.

Parmi ces signes qui étaient fort variés, figuraient principalement les anneaux portant des emblêmes gravés, ainsi que nous l'apprend St-Clément d'Alexandrie, dans son Pedagogue, ouvrage qu'il avait composé pour l'instruction des cathécumènes. « Les signes qui doivent distinguer le « Chrétien, dit-il, sont une colombe, un « poisson, une nacelle portée à pleines « voiles vers le ciel, etc [1]. »

La colombe étant le symbole de la pureté et de la douceur, la nacelle qui s'élève dans les airs, ne pouvant que rap-

---

[1] Voici la traduction latine de ce passage remarquable : *Signa nobis sint columba, aut piscis, aut navis, quæ celeri cursu in cœlum feratur, aut Lyra musica..... aut ancora nautica, et si piscator effictus fuerit apostoli meminerit, et puerorum qui ex aquâ educuntur.* Clem. Alex. in Pædag. Lib. 3. Cap. II.

Voyez aussi Kirchmann, *Tract. de Annulis*, cap. 13, *et* Longus *Tract. de Annul. signatoriis*, C. 6.

peler au chrétien que ses vœux doivent se diriger vers une autre patrie, on conçoit l'adoption de ces deux signes. Mais on se demande quel rapport caché peut avoir la figure du poisson avec les dogmes ou les préceptes du christianisme? Il y a ici une vraie énigme dont nous allons donner la solution.

Deux raisons avaient engagé les Chrétiens à choisir le poisson comme emblême. Et d'abord les lettres dont se compose le mot grec ΙΧΘΥΣ (ICHTHUS, POISSON), sont les initiales des noms de Jésus-Christ, ainsi que le fait remarquer Optat, évêque de Milève, en Afrique. « Le nom de Pois-
« son, » écrivait cet évêque, au milieu du 4ᵐᵉ siècle, « dans sa dénomination grec-
« que, contient par chacune de ses lettres
« plusieurs saints noms ΙΧΘΥΣ, ce qui ex-
« prime Jésus-Christ, fils de Dieu sau-

« VEUR. » *Piscis nomen secundum apellationem græcam, in uno nomine per singulas litteras, turbam sanctorum nominum continet,* ΙΧΘΥΣ *, quod est latinè* JESUS CHRISTUS DEI FILIUS SALVATOR[1].

Nous tâcherons de rendre ci-après la chose sensible aux yeux :

Ι... ΗΣΟΥΣ,	*Jesus,*	Jésus.
Χ... ΡΙΣΤΟΣ,	*Christus,*	Christ.
Θ... ΕΟΥ,	*Dei,*	de Dieu.
Υ... ΙΟΣ,	*Filius,*	Fils.
Σ... ΟΤΗΡ,	*Salvator,*	Sauveur.

Une autre raison avait déterminé l'adoption du signe mystérieux dont nous parlons. Comme le poisson naît dans l'eau, et ne peut vivre que dans l'eau, de même le chrétien est régénéré par l'eau

---

[1] Optat. Milevil. *in Bibl. Patrum.* T. IV. Lib. 3.

du baptême, et ce n'est que par le baptême qu'il peut vivre d'une nouvelle vie. Ce rapprochement qui a donné l'idée de faire du poisson un symbole, date des premiers temps du Christianisme. Car dès le deuxième siècle, Tertullien appelait les chétiens, des petits poissons en ΙΧΘΥΝ, c'est-à-dire en notre Seigneur Jésus-Christ. « *Nos pisculi secundum* ΙΧΘΥΝ, *nostrum Jesum Christum in aquâ nascimur nec aliter quam in aquâ manendo salvi sumus* [1]. » Cette même comparaison a été employée par plusieurs autres pères de l'Église, dont nous pourrions citer les passages, si cela ne nous menait pas trop loin.

Parmi les monumens qui ont été recueillis, ceux que distingue l'emblême du

---

[1] Tertul. *Lib. de Baptis. adversus Quintil.*

poisson étant beaucoup plus nombreux, comparativement à ceux qui portent toute autre empreinte (car elles étaient trop diversifiées pour les rappeler toutes); cette circonstance nous fournit la preuve irrécusable que le symbole du poisson avait obtenu des premiers Chrétiens une préférence marquée sur tous les autres.

A la vérité, indépendamment de ce qu'il était plus énigmatique, il leur offrait la facilité, en prononçant le seul mot ICHTHUS, de rappeler, sans courir aucun danger, les noms révérés de leur divin maître, et d'éluder ainsi la défense qui leur avait été faite de proférer le nom de Jésus-Christ [1].

---

[1] « *A Tyrannis et ethnicis Imperatoribus prohibitum erat Christum profiteri, et nomen suum proferre, quare finxerunt nomen* ΙΧΘΥΣ *quo Christum vocarent.* » Nicolaï *de Siglis*.

Aussi appliquèrent-ils l'emploi de ce signe mystérieux à mille objets divers; on en fit des camées, on le reproduisit sur le verre, on le grava sur les métaux, sur des pierres précieuses, on en confectionna des médailles et des amulettes qu'on pendait au cou des enfans, on le plaça sur les tombeaux, dans leur intérieur, pour faire connaître que les restes qui y étaient déposés appartenaient à des chrétiens. On fit figurer le même signe sur les lampes sépulcrales. Une croix fut quelquefois placée entre deux poissons, d'autres fois on représenta deux poissons aux côtés d'une ancre. Ici on voit ce symbole accompagné du mot grec ICHTHUS, ailleurs on aperçoit ce mot seul. Le savant Jablonski prétend même que cet usage s'introduisit le premier. On rencontre aussi avec le même mot, la figure d'un pêcheur tenant d'une main un hameçon, auquel est attaché un poisson, et de l'autre un panier [1].

Plus tard, c'est-à-dire après que Constantin-le-grand eut fait monter la religion sur le trône, les Chrétiens abandonnèrent peu à peu l'usage de porter sur eux un signe quelconque; mais ils conservèrent l'emblême du poisson, pour distinguer leurs temples de ceux des payens; ils en décorèrent surtout le haut des façades de leurs Baptistères, qui consistaient anciennement en un petit édifice à part, placé en face de la Basilique.

Nous nous contenterons de citer à cet égard, d'abord la cathédrale de Ravenne, monument du cinquième siècle, où l'on voit, ainsi que le père Montfaucon le fait

---

[1] V. la planche à la fin de l'ouvrage, où sont figurés quelques-uns de ces monumens, tels qu'ils existent dans différens Musées en Italie.

remarquer, une mosaïque dans les plus grandes dimensions, représentant le poisson comme symbole des Chrétiens [1], ensuite, les restes d'un ancien Baptistère qui existait à Rome, qu'on a conservés au Musée du collége romain, sur lesquels le poisson se trouve également reproduit en mosaïque.

Les fonts baptismaux ne pouvaient pas manquer d'être ornés du même symbole. Aussi, parmi les monumens que le temps a respectés, se font remarquer deux

---

[1] Le même emblême se trouve dans le bas-relief qui orne le portail de l'église paroissiale de Nantua, dans le département de l'Ain. C'est le deuxième apôtre à la gauche du Christ, qui tient un poisson tout à fait semblable à celui du prétendu Tobie de Raphaël. Ce renseignement nous a été communiqué à la fois, par M. le chanoine Depery, et par M. le Vicomte de Senonne, au moment où nous nous occupions de l'impression de cet opuscule.

grandes urnes en pierre qui ont servi à administrer le baptême par immersion ; elles sont conservées, l'une dans l'église de Gemona, dans le Frioul, et l'autre, dans celle de Pirano, en Istrie. Le poisson est sculpté sur les deux monumens.

Nous avons peut-être poussé trop loin l'excursion que nous n'avons pu nous dispenser de faire dans le domaine de l'archéologie chrétienne. Le lecteur voudra bien nous le pardonner en faveur du désir dont nous sommes animé de faire partager notre conviction aux esprits même les plus difficiles.

Revenons maintenant à Raphaël, l'histoire de sa vie nous apprend que le Pape Léon X, lui ayant confié la surintendance de toutes les antiquités de Rome, le chargea par un bref spécial, de l'inspection générale de toutes les fouilles et découvertes qui pourraient être faites dans la circonférence de dix milles, en ordonnant à toute personne de quelqu'état ou rang qu'elle fût, de lui donner connaissance *de tout objet important à conserver dans l'intérêt des arts, et pour l'étude de l'érudition et de la langue latine*, et ce, sous peine en cas de contravention, d'une mulcte de 100 à 300 écus d'or. On sait aussi que ces fragmens précieux étaient illustrés par les nombreux littérateurs si éminemment distingués, que Léon X avait attirés auprès de lui, de toutes les parties de l'Italie, avec lesquels le peintre Urbin était lié d'une étroite amitié.

Personne n'a donc été plus que lui à portée d'avoir à sa disposition des restes d'antiquité chrétienne, et d'en connaître la destination primitive. Cela posé, peut-on supposer que le symbole du poisson lui soit resté inconnu ? N'est-il pas au contraire très-croyable que l'un des poissons en verre ou en toute autre matière, que les premiers chrétiens attachaient au cou de leurs enfans, ayant fixé son attention ou celle des savans dont il était entouré, il ait conçu ou qu'on lui ait insinué la pensée, ne fut-ce qu'à raison de l'intérêt tout particulier que la nouveauté de la chose pouvait exciter, d'en tirer parti pour une de ses compositions?

Nous opposera-t-on, que si l'emploi de ce symbole avait en quelque sorte été consacré par le pinceau du prince des peintres, il doit paraître fort extraordinaire que cet exemple n'ait pas eu d'imitateurs. Cette objection, bien loin d'affaiblir notre conviction, nous mettra sur la voie de faire valoir un nouvel argument à l'appui de la thèse que nous soutenons. A la vérité, nous ne connaissons en peinture d'autre production remarquable dans laquelle on ait fait figurer le signe mystérieux du poisson; mais voici ce que nous pouvons affirmer. Nous avons vu en Italie un assez grand nombre de peintures destinées à représenter l'ange Gardien introduisant l'ame chrétienne dans le ciel, et nous avons remarqué que le sujet est constamment exprimé par l'ange donnant la main à un enfant qui tient suspendu à une de ses mains, un poisson, absolument comme nous le voyons dans le tableau de Raphaël [1].

---

[1] Nous ne pouvons résister au désir d'en citer une, qui a fait l'admiration de notre enfance; nous n'avons pas besoin de dire qu'elle n'était pas bien exigeante sous le rapport de l'exécution. Nous voulons parler d'un tableau représentant l'ange Gardien qui s'élève vers une gloire, et fait monter avec lui un enfant, qui tient un

Cette manière de représenter l'ange Gardien est tellement répandue en Italie, qu'on la voit constamment reproduite dans des gravures vulgaires que des marchands colporteurs, connus sous le nom de *Tyroliens*, vendent aux gens du peuple. Nous pouvons donc ajouter que ces gravures ou estampes ne cessent de témoigner, en Italie, que le poisson y est employé depuis un

poisson attaché à un cordon. Nous avons revu non sans quelqu'émotion, en 1814, cette peinture qui est très-ancienne. Elle doit exister encore dans l'église paroissiale de St-Georges, bourg assez considérable, à six lieues de Turin, et plus considéré encore par le goût des bonnes études et des arts qui s'y est toujours conservé, et à cause des hommes très-distingués en tout genre auxquels il a donné le jour. Il nous suffira de nommer notre vieil ami M. Charles Botta, dont les ouvrages sont trop connus pour qu'il soit nécessaire de les rappeler, et M. Pecchenino qui est né dessinateur correct, et graveur habile sur cuivre et sur acier. Sa gravure du *Sposalizio* de Raphaël promet un artiste de plus, dont l'Italie aura à se glorifier.

temps immémorial, comme symbole caractéristique de l'ame chrétienne, soit du chrétien ayant pour guide l'ange Gardien.

Ce fait étant incontestable, nous en déduisons ce raisonnement : ou cet emploi du symbole a une origine qui remonte très-haut dans les annales du christianisme, et la tradition en était toujours vivante du temps de Raphaël, ou personne avant lui n'y avait songé. Dans la première hypothèse n'est-il pas plus naturel de penser qu'il en a fait usage, que d'admettre qu'il ait commis inconsidérément l'anachronisme que des explications erronées lui ont imputé jusqu'à ce jour, et ce lorsqu'il était dans la maturité de son talent, et de plus comblé de biens et de gloire? Dans l'hypothèse contraire, ne faudra-t-il pas conclure que c'est le tableau de LA VIERGE AU POISSON qui a fait naître l'idée d'employer ce signe tel qu'on le voit figurer en Italie dans quelques tableaux à la vérité assez grossiers, et dans les estampes dont nous venons de parler, et qui y sont si généralement répandues?

Ce raisonnement nous paraît tellement décisif, que nous mettrons ici fin à une discussion qu'on trouvera déjà trop prolongée.

Le moment est donc venu d'exposer le sujet du tableau, tel qu'il se présente à notre esprit.

Nous disons donc que la pensée qui a dirigé la main de Raphaël est l'entrée dans le sein de l'Église de l'homme éclairé par la foi. Ce sujet a pu avoir d'autant plus d'attrait pour les Dominicains de Naples qui avaient commandé le tableau, ou seulement en avaient fait l'acquisition (car ce point est resté incertain), que l'institution de cet ordre avait pour but le maintien de la foi.

Rien n'est plus touchant que la manière dont le peintre a exprimé sa pensée.

Un néophyte dont les traits sont empreints de candeur et d'innocence, tenant à la main le signe de sa régénération par l'eau du baptême, et conduit par son ange gardien, c'est-à-dire poussé par une inspiration supérieure, va se jeter aux pieds du Sauveur, que sa divine mère tient dans ses bras. Le jeune chrétien prie avec ferveur. « Jésus enfant, » paraît-il dire, « qui êtes né pour le salut du monde, jetez « sur moi un regard de bonté, et faites « que par la pureté de ma vie, je retrace « votre divine enfance » [1]. Jésus lui tend

---

[1] *Mundi salus qui nasceris,*
Jesu puer nos respice;
Da moribus castis tuam
Referre nos infantiam.
(Hymne de complie pour Noel.)

une main protectrice, et porte l'autre sur le livre de la loi que tient saint Jérôme. Le peintre a voulu par là nous rendre sensible l'avertissement intérieur que le Sauveur donne au néophyte, de se souvenir que l'observation des préceptes doit accompagner la foi.[1].

Cette explication, appuyée sur les notions irrécusables dont nous l'avons fait précéder, nous paraît aussi simple que naturelle. Il n'y a plus ici, ni anachronisme, ni insignifiance de figures, ni rien qui ne soit avoué par la raison, le goût et les convenances; il n'y a plus rien, enfin, dont le grand nom de Raphaël puisse se trouver offensé. Mais que disons-nous, se trouver offensé?

Cette explication une fois admise, ne

---

[1] *Fides si non habeat opera, mortua est in semetipsa.* S. Jacq. chap 2, v. 17.

sera-t-on pas au contraire forcé de reconnaître que ce tableau est précisément un de ceux où Raphaël a surtout prouvé que personne n'a mieux mérité que lui le bel éloge que Pline fait de Timanthe? « Dans « ses ouvrages, » nous dit Pline en parlant de ce grand peintre, « ce que l'artiste « donnait à entendre était bien au-dessus « de ce qui était représenté par la pein-« ture, et si la puissance de l'art était « portée au plus haut point, la puissance « du génie s'élevait encore au-delà [1]. »

Pour comprendre, disons mieux, pour sentir que ces beaux caractères notre composition les possède éminemment, nous n'avons qu'à considérer la manière dont Raphaël l'a conçue et disposée. Il l'a fait avec un si rare bonheur, nous voulons

---

[1] Voyez l'épigraphe latine au frontispice.

dire avec tant de science, que par le moyen d'une action unique extrêmement simple, et très-circonscrite, il nous fait en quelque sorte intervenir dans la scène, en nous mettant devant les yeux notre propre destinée.

En effet, que voyons-nous d'un côté du tableau? Un adolescent qui va commencer le pélerinage de la vie; il vient demander à la religion, que le peintre a personnifiée sous la forme la plus capable de captiver les cœurs, de diriger ses pas incertains. Et quel est l'objet qui attire nos regards du côté opposé? Un vénérable vieillard qui a touché le terme de sa course. Le lion en repos qui est à ses pieds nous fait entendre que si la vie est un voyage, où l'on rencontre sans cesse de rudes combats à soutenir, il en est sorti victorieux.

L'auréole qui rayonne autour de sa tête

nous apprend que le saint athlète est assuré de la récompense promise au vainqueur.

Ce contraste des deux extrémités de la vie, mises ainsi en regard, est trop frappant pour ne pas apercevoir ici une combinaison profonde, pleine d'une divine philosophie alliée à la plus belle poésie.

Si nous rapprochons de cette création à la fois si simple et si sublime la fameuse table de Cébès [1], de ce disciple du plus religieux des philosophes de l'antiquité, quelle complication y voyons-nous! Quelle quantité de figures et de moyens pour

---

[1] Voyez *Cebetis tabula e græco in latinum, conversa per Ludovicum Odaxium*. Il y en a une traduction par Gilles Boileau, de l'académie française, sous le titre: *Table de Cébès*. Paris, 1653, in-4°. L'auteur possède la belle gravure qui en a été faite par Wisscher, de qui le sévère Milizia a dit: *Coll' evitare l'apparenza dell' arte, giunse al colmo dell' arte*.

nous représenter la vie et la destinée de l'homme !

Le génie de Raphaël demande à la Religion une inspiration, et deux personnages lui suffisent pour nous retracer toute notre histoire.

Il nous reste à répondre à une objection qui nous a été faite. Comment concevoir, nous a-t-on dit, que Jésus qui est encore enfant, qui n'a pas encore commencé sa divine mission, puisse recommander l'observation de sa loi ? D'ailleurs dans le moment que le peintre a choisi, cette loi n'est pas encore connue, le baptême n'est pas institué, il ne peut donc y avoir de néophyte, d'où il résulte évidemment qu'on ne peut adopter l'explication proposée sans faire commettre à Raphaël un autre anachronisme.

Cette difficulté n'est pas aussi sérieuse

qu'elle peut paraître de prime abord ; mais les explications qu'elle exige ne peuvent être puisées que dans un des plus profonds mystères de cette même religion qui a inspiré le tableau.

Ici l'enfant Jésus n'y est pas représenté en tant qu'il est enfant, mais en tant qu'il est, comme dit l'Écriture, *l'émanation toute pure de la clarté du Tout-puissant et l'image de sa bonté*[1]. Il ne faut pas perdre de vue que cet enfant n'est pas une créature humaine, mais le fils de Dieu uni à la nature humaine, et que cette union, c'est-à-dire cette communication de l'être divin à l'humanité est de telle sorte que la nature humaine en Jésus-Christ ne constitue pas une personne hu-

---

[1] « *Vapor est virtutis Dei, et emanatio claritatis omni-« potentis Dei sincera .... et imago bonitatis illius.* » Sap. c. 7.

maine, mais uniquement une personne divine. Cela étant quelle que soit la forme sous laquelle le peintre aime à l'offrir aux hommages du chrétien, Jésus n'a point d'âge : *il était hier,* comme dit saint Paul, *il est aujourd'hui, il était et il sera dans tous les siècles* [1]. L'âge, la forme sont ici indifférens ; l'artiste les choisit selon qu'ils conviennent à l'impression qu'il se propose de produire ; mais c'est toujours la sagesse incréée, le médiateur entre Dieu et les hommes qu'il présente à l'adoration du chrétien, celui enfin qui est l'image de Dieu invisible, qui est né avant toutes les créatures et par qui les hommes ont accès auprès du père [2].

---

[1] *Jesus Christus heri, hodie et in sæcula.* Ad Hæbr. c. 13, v. 8.
[2] « *Qui est imago Dei invisibilis, primogenitus omnis creaturæ.* » Ad Coloss. c. 1, v. 15.

Il est d'autant plus essentiel, dans la plupart des compositions où la Vierge est représentée tenant dans ses bras son divin enfant, de ne considérer Jésus que sous le point de vue que nous venons d'indiquer, que vouloir astreindre les artistes à observer un rapport chronologique rigoureux entre l'âge de Jésus et ce qui constitue l'action[1] qui fait le sujet du tableau, ce serait nous priver d'un grand nombre de créations qui ont un charme infini.

Pour nous en convaincre, nous n'avons qu'à faire disparaître de notre tableau la Vierge et son enfant, pour y substituer le Sauveur sous toute autre forme. Certes le tableau serait encore un chef-d'œuvre, car ce serait toujours une production de

---

[1] Il n'y aurait anachronisme que si l'artiste faisait faire à Jésus enfant, un des actes qui ont signalé sa vie mortelle.

Raphaël, mais il est probable que nous y chercherions en vain cette grâce si parfaite et cette impression si attendrissante qui nous émeut jusqu'au fond de l'ame.

Là se termine la tâche que nous nous étions imposée ; nous soumettons notre travail aux artistes et aux connaisseurs. S'il est accueilli, qu'il nous soit permis de dire avec quelque orgueil :

« Le temps avait décoloré une des fleurs « les plus gracieuses de la couronne, dont « le génie des arts s'est plu à parer le « front de Raphaël ; nous avons été assez « heureux pour lui rendre toute sa fraî- « cheur et son premier éclat. »

FIN.

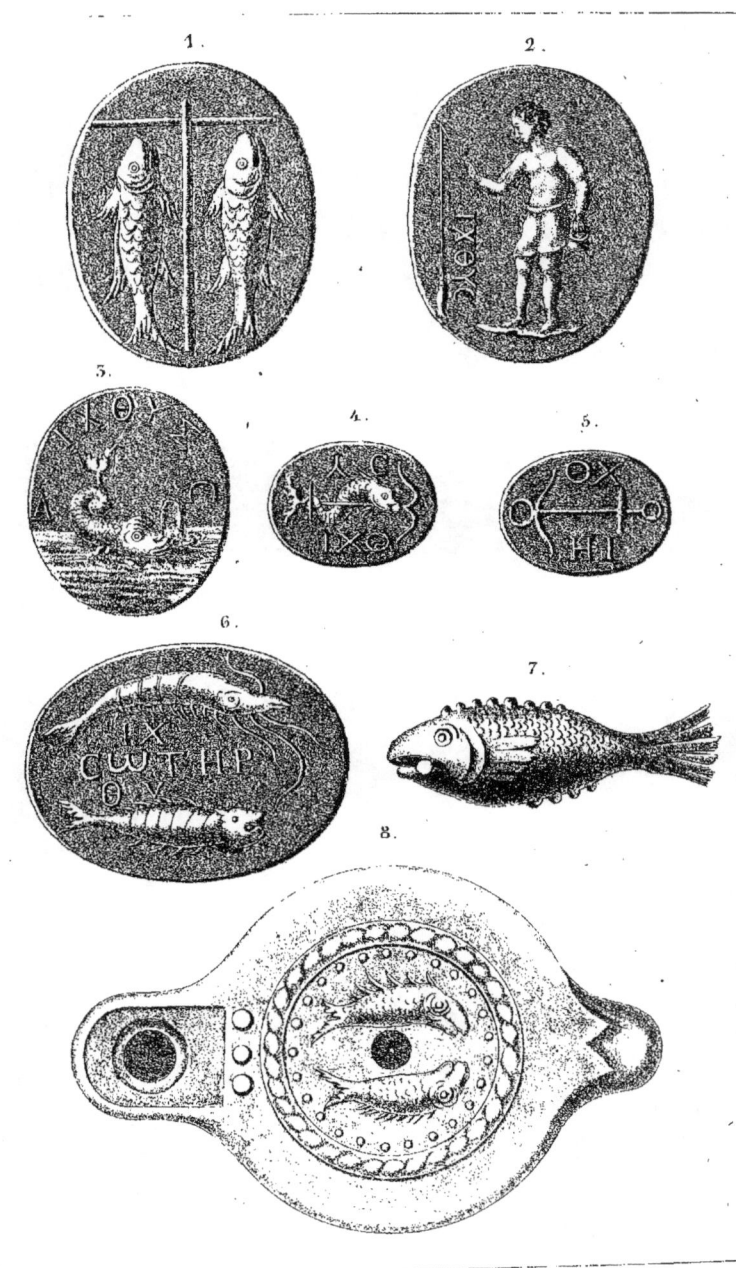

NOTE
SUR LES MONUMENS
DONT ON PRODUIT LES DESSINS.

N° 1.

Cornaline qui garnissait une bague; on y voit le signe de la Rédemption placé entre deux poissons. Cette pierre gravée a été publiée par *Fortunius Licetus*, dans ses *Hieroglyphyca, seu antiqua Schemata gemmarum annularium*. Il en est également fait mention dans les *antiquitates Neomagenses* de Smith.

N° 2.

Autre cornaline représentant, conformément au passage de St-Clément qui a été rappelé à la page 70 *(et si piscator effictus fuerit)*, un pêcheur tenant d'une main le hameçon, et de l'autre un panier. L'abbé Vallarsi de Vérone en était le possesseur, et l'a publié dans ses notes sur les œuvres de Saint-Jérôme, au sujet de ce passage, dans l'épitre *ad Cromatium, etc. Berosus ut scribitis quasi filius* ιχθυος, *id est piscis aquosa petit, etc.*

N° 3.

Pierre gravée servant de cachet, qui était dans la possession du Père Sandi, bibliothécaire de Sainte-Justine, à Padoue. On y remarque un dauphin au lieu d'un poisson ordinaire. Indépendamment de la sigle mystérieuse, on y voit aussi la première et la dernière lettre de l'alphabet grec, dont les premiers Chrétiens aimaient à orner leur tombeau. L'idée leur en avait été donnée par le passage si connu de l'Apocalypse : *Je suis* l'ALPHA *et* l'OMEGA, *le commencement et la fin, dit le Seigneur, qui est, qui était, et qui sera*, LE TOUT PUISSANT.

N° 4.

Anneau en or, conservé au Musée du collége romain ; il a ceci de particulier, que le signe du Chrétien est représenté par un dauphin qui se replie sur un ancre cruciforme, symbole de l'espérance.

N° 5.

Améthiste tirée du même Musée, représentant également une ancre en forme de croix, accompagnée des lettres IH XΘ qu'on peut expliquer ainsi, ΙΗΣΟΥΣ ΧΡΙΣΤΟΣ ΘΕΟΣ, Jésus-Christ Dieu.

N° 6.

Pierre gravée, possédée jadis par l'abbé Foggini *Custode* de la bibliothèque Vaticane. Ici le sigma, dernière lettre du mot grec ΙΧΘΥΣ, se trouve supprimé, et on a gravé en entier le mot ΣΩΤΕΡ, Sauveur, dont le sigma est l'initiale.

N° 7.

Poisson en sardoine, tiré du Musée du chevalier Vettori, que l'auteur du Voyage d'Anacharsis nomme dans ses mémoires. M. Vettori avait recueilli un assez grand nombre de ces poissons, en pierres fines, en cristal de roche, et en métal. On remarquera dans celui dont on produit le dessin, la petite ouverture dans la partie où est figurée la bouche, évidemment pratiquée pour y passer un cordon.

N° 8.

Lampe sépulcrale; les monumens de l'espèce sont trop multipliés pour que celui qui est représenté exige des éclaircissemens.

On ajoutera aux monumens dont il est fait mention ci-dessus, l'inscription chrétienne recueillie par l'abbé Boldetti, au cimetière de St-Épimaque, à Rome, et rapportée par Fabretti, inscription qui est ornée au-dessus, et encore verticalement, ainsi que cela se pratique dans les acrostiches, de la sigle mystérieuse.

ΙΧΘΥΣ.

Ι POSTUMIUS. EUTHÉNION. FIDELIS. QUI. GRATIA, SANCTA. CONSECUTUS
Χ PRIDIE. NATALI. SUO. SEROTINA. HORA. REDDIT. DEBITUM. VITÆ. SUÆ. QUI. VIXIT
Θ ANNIS. SEX. ET. DEPOSITUS. V. IDUS. JULIAS. DIE. JOVIS. QUO. NATUS. EST. CUIUS
Υ ANIMA. CUM. SANCTIS. IN. PACE. FILIO. BENEMERENTI POSTUMIUS. FELICISSIMUS.
Σ N. EUGENIA. ET. FESTA. AVIA. IPSIUS

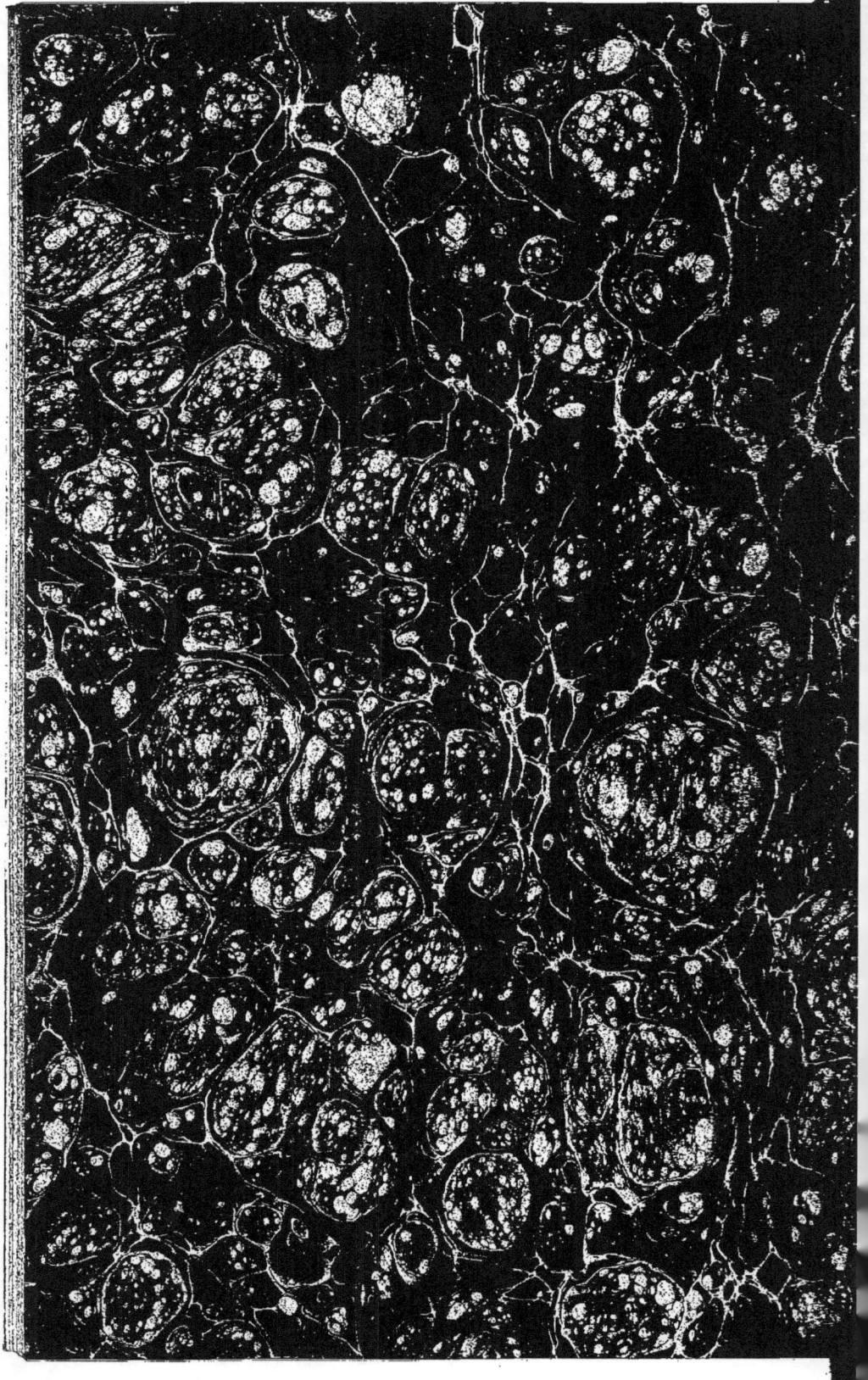

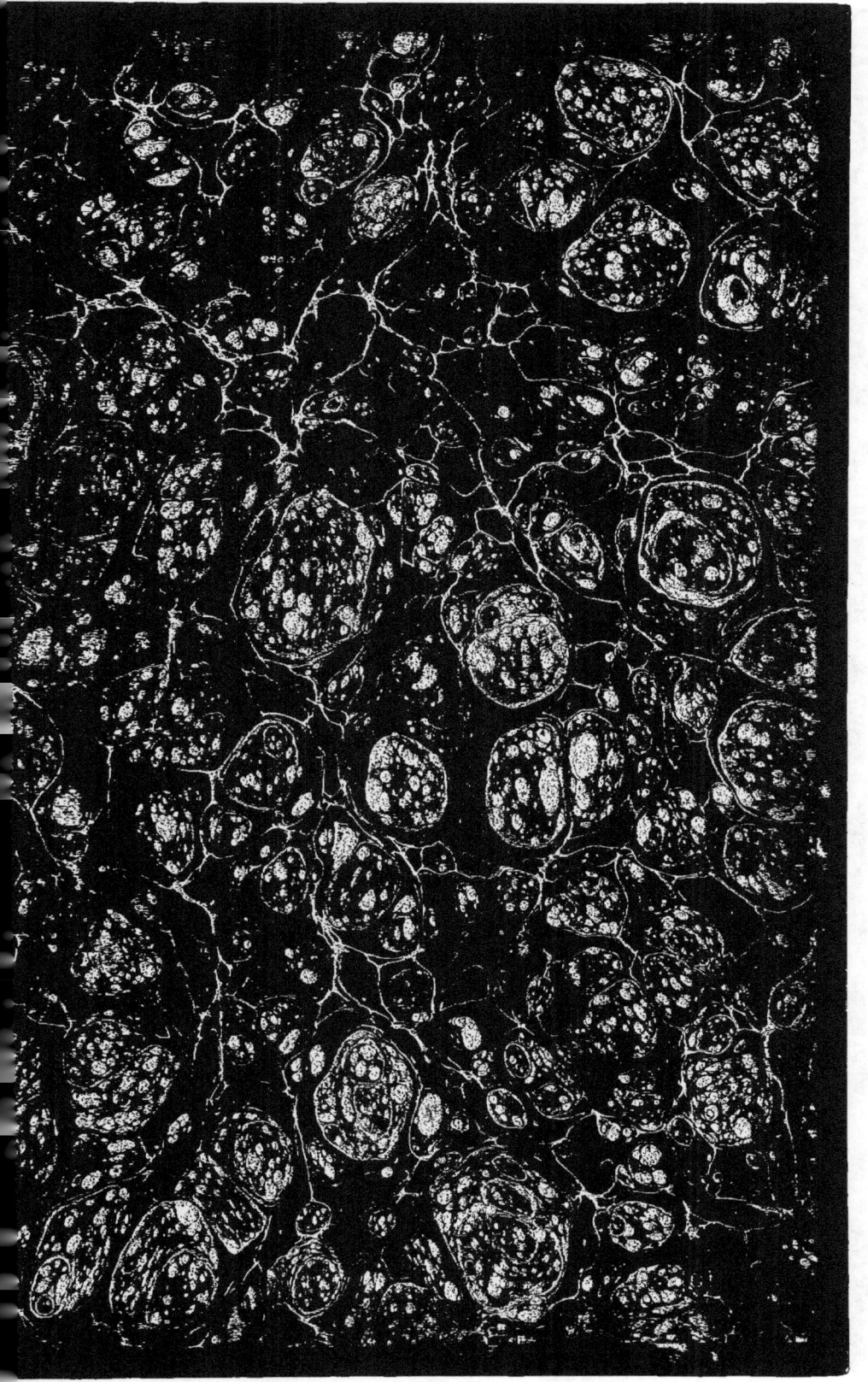

www.ingramcontent.com/pod-product-compliance
Lightning Source LLC
Chambersburg PA
CBHW070257230526
45470CB00002B/620